JACINTA NANDI wurde 1980 in London geboren und lebt seit 2000 in Berlin. Sie schreibt für die »Wahrheit«-Kolumne der *taz* und publiziert regelmäßig im *Missy Magazine* und der *Jungle World*. Sie war Mitglied der Lesebühnen *Rakete 2000* und *Die Surfpoeten*. Bisher erschienen von ihr die Bücher *Deutsch werden: Why German people love playing frisbee with their nana naked* (2011), *Fish'n'Chips & Spreewaldgurken. Warum Ossis öfter Sex und Engländer mehr Spaß hatten* (mit Jakob Hein, 2013) und *nichts gegen blasen* (2015).

JACINTA NANDI

DIE SCHLECHTESTE HAUSFRAU DER WELT

EDITION NAUTILUS

Einzelne Texte aus diesem Buch sind bereits an anderer Stelle veröffentlicht worden: »Dirty Bastards« in *Das Magazin* und *Emma*, »Viel seufzen« und »Ein Lob dem Berliner Modell« in der *Missy-Magazine*-Internetkolumne und »MLM: Eine Alternative« in *konkret*.

Edition Nautilus GmbH
Schützenstraße 49 a
D-22761 Hamburg
www.edition-nautilus.de

Umschlaggestaltung:
Maja Bechert, Hamburg
www.majabechert.de
Porträt der Autorin
auf Seite 2: © Flux FM
Druck und Bindung:
Beltz Bad Langensalza
1. Auflage Oktober 2020
ISBN 978-3-96054-240-7

Dieses Buch ist Rosalie Delaney gewidmet,
der zweitschlechtesten Hausfrau der Welt.

Prolog: fast vierzig – und fast fertig!

Jacinta Nandi ist fast vierzig – und fast fertig.

Auf dem Papier hat sie ein tolles Leben, auf dem Papier ist sie eine Feministin, freischaffende Künstlerin, freiberufliche Autorin.

Aber ihre alltägliche Realität sieht anders aus.

In der Realität lebt sie zusammen mit einem Kleinkind, das wegen der Kitakrise immer zu Hause ist, mit einem Teenager, der Pfandflaschen und leere Chipstüten im Schlafzimmer sammelt, als ob das sein Hobby sei – und vor allem mit einem Mann, der denkt, dass er nicht putzen muss, soll oder *darf.*

So könnte der zusammenfassende Text über mein Leben lauten. Mein Leben als Blurb.

»Ich bin ein Professor«, sagte mein Freund eines Morgens. »Ich werde nicht staubsaugen, das sage ich dir.«

Okay. Ich entschied, dann eben alles selbst zu machen, so gut ich kann. Und was kann ich tun, um eine gute Hausfrau zu sein?

»Das bisschen Haushalt schaffst du schon«, dachte ich mir. Mit Hilfe von bezahlten Putzkräften bei Helpling und hilfreichen Putztipps von unterschiedlichen Experten bei YouTube versuchte ich, mein Leben – und die Wäscheberge – in den Griff zu kriegen. Ich stand früher und früher auf und machte jeden Morgen die Waschmaschine an, bevor ich Kaffee kochte.

Aber kann man wirklich glücklich sein in einer Beziehung, in der der Mann nicht putzt? Weil das einzige, was er noch ekliger findet als eine schmutzige Küche, die Vorstellung ist, dass er »mit«helfen könnte?

Das Ungewöhnliche an meiner Situation ist nur die Tatsache, dass mein Freund zugibt, dass er nicht vorhat mitzumachen. In vielen deutschen Haushalten existiert der Mythos von einer 50/50-Mitarbeit, gleich aufgeteilt zwischen den Partnern. Was utopisch klingt – und auch echt utopisch bleibt. Denn Studien beweisen, dass sogar berufstätige Mütter 160 Minuten pro Tag Hausarbeit machen – ihre männlichen Partner aber nur 90 Minuten (die Frage ist, ob diese 90 Minuten auch solche Sachen beinhalten wie Gute-Nacht-Geschichte-Vorlesen)!

Eine Studie vom University College London, veröffentlicht im Journal *Work, Employment and Study*, bewies, dass Frauen im Durchschnitt 16 Stunden pro Woche Hausarbeit machen – ihre männlichen Partner aber nur 6 Stunden. Sogar bei Paaren, wo beide Vollzeit beschäftigt sind, machen die Frauen viel mehr – es ist fünf Mal wahrscheinlicher, dass eine vollzeitbeschäftigte Frau 20 Stunden pro Woche mit Hausarbeit verbringt, als dass ein Mann es tut. 2005 fand eine Studie des University of Michigan Institute for Social Research heraus, dass Männer ihren Frauen sogar 7 Stunden Hausarbeit pro Woche zusätzlich VERURSACHEN! Während Frauen ihren Männern eine Stunde pro Woche abnehmen!

Ich putze also und denke über Hausarbeit nach. Eine Arbeit, die eigentlich nicht als Arbeit gilt. Eine unsichtbare Arbeit. Die Männer gucken nicht hin, wenn man putzt – ihre Augen sind auf den Fernseher gerichtet! Es ist eine Arbeit, die Männer nicht machen wollen, die sie grundsätzlich ablehnen. Sie lehnen sogar die Vorstellung ab, dass Hausarbeit überhaupt gemacht werden muss. Sie finden nicht unbedingt, dass Frauen diese Arbeit machen müssen – aber es ist trotzdem sehr klar, dass *sie selbst* sie nicht machen werden.

Es ist eine Arbeit, die Frauen unterdrückt. Hausarbeit ist körperliche Arbeit, eine körperliche Arbeit, die viel Zeit kostet.

Es ist eine Arbeit, die Frauen Zeit und Schlaf raubt. Eine Arbeit, die ihre Körper belastet, die aber trotzdem nicht als Arbeit angesehen wird, solange sie nicht bezahlt wird!

Denn das Komische ist, dass, wenn man fürs Putzen bezahlt wird, es dann doch Arbeit ist – eine Drecksarbeit, sicher, aber doch Arbeit. Man kriegt einen Stundenlohn – vielleicht ist er nicht angemessen, aber man kriegt Geld dafür, aber noch wichtiger: man hat Feierabend. Das (vielleicht) schlecht bezahlte Hausmädchen kriegt Feierabend – doch die unbezahlte Hausfrau nie!

In dieser Sammlung kurzer, lustiger, aber sehr wütender Texte beschreibe ich meinen Versuch, eine gute Hausfrau zu werden, wie sehr es mich angekotzt hat, alles alleine machen zu müssen – und warum ich gescheitert bin.

Kann man eine Beziehung haben mit einem Mann, der überhaupt nicht putzen will? Ist das überhaupt eine Beziehung? Warum denken Männer offenbar, dass sie nur putzen müssen, wenn sie keine Frau in der Wohnung haben, die das für sie machen sollte? Was ist los mit denen?

Eine feministische Hausfrau

Der Feminismus ist cool.

Der Feminismus ist geil geworden.

Alle wollen über Feminismus reden, über geile, coole Themen, die junge Frauen ansprechen. Über gleiche Bezahlung für die gleiche Arbeit, zum Beispiel, oder Körperbehaarung. So was.

Was nicht geil ist: Hausarbeit. Was niemanden interessiert: die Unterdrückung der Hausfrau.

Frauen wollen befreit werden, Frauen sollen frei sein. Jemand, der sich freiwillig entscheidet, Hausfrau zu werden?

Selbst schuld! (Und auch megapeinlich.) Hausfrauen sind fast so uncool wie die Hausarbeit selbst.

Als ich eine Teenagerin war, nannte ich mich Feministin. Mit 14 liebte ich Courtney Love, den roten Lippenstift, die weißblonden Haare, die coolen Posen mit der Gitarre. Ich glaube, ich mochte auch die Lieder – aber der Look war für mich total wichtig, supercool. Ich wollte sein wie sie – ich musste Feministin werden. Ich nannte mich Feministin und ich habe es ernst gemeint. Ich habe Gedichte über Frauen mit dicken Bäuchen gelesen und Gedichte geschrieben über Frauen, die die Toilettenwand mit Menstruationsblut beschmieren. Ich war Feministin. Wie Courtney Love.

Meine Mama war Hausfrau, mein Stiefvater half nie. Na ja, vielleicht ist dieses »nie« übertrieben, vielleicht gehört ein »so gut wie« davor. Einmal pro Monat sollte er kochen, und seine Miene war dann wie in Deutschland bei den Menschen in einer langen Schlange im Postamt am Heiligen Abend. Meine Mama arbeitete am Wochenende im Altersheim – unter der Woche passte sie auf meinen kleinen Bruder auf, der nie zur Kita ging, sondern nur in *playgroups*, und meine Schwester und ich kamen um 16 Uhr nach Hause. Jahrelang war die Waschmaschine kaputt, unsere Kleidung sammelte meine Mama im Kinderwagen und schob sie zum Waschsalon. Sie verbrachte so viele Stunden in der Woche dort, dass sie jetzt immer noch richtig gut befreundet ist mit der Dame, die da arbeitete.

Meine Mama kämpfte mit der Hausarbeit. Sie war immer am Arbeiten, aber unser Haus sah irgendwie trotzdem immer scheiße aus. Andere Kinder hatten beige Sofas, flauschige Teppiche, gekehrte Böden. Bei uns war immer Chaos – meine Mama versank in der Arbeit, ertrank in ihren Aufgaben. Und wir halfen nicht.

Ich habe ihr nicht geholfen. Ich half nur dann, wenn sie mich zwang, ich habe sie dafür verachtet, dass sie diese Arbeit schwer fand.

»Das ist *eigentlich* dein Job«, sagte ich, wenn sie mich bat, die Kartoffeln zu schälen. »Du bist nur eine Hausfrau. Was machst du den ganzen Tag, wenn wir in der Schule sind? Trinkst Kaffee, stimmt's?«

Ja, die Wut darüber, dass Frauen, die ihr Leben mit unbezahlter Arbeit füllen – Kinderbetreuung, Putzen, Wäsche, Kochen –, manchmal heiße Getränke dabei trinken, ist ziemlich alt. »*Coffee Mornings*?«, hat mein Stiefpapa immer gesagt. »Latte-Macchiato-Mamas«, lästert der Berliner über die Mamas in Prenzlauer Berg. In London ist es kein Latte, sondern Cappuccino, und nicht Prenzlauer Berg, sondern Primrose Hill – aber die Hausfrau als Genießerin, die nur Kaffee schlürft, diese Idee existiert da auch.

»Sie tut so, als wäre sie eine Yogalehrerin!«, erzählt mir eine Bekannte über eine andere Bekannte. »Eigentlich ist sie Hausfrau. Latte-Macchiato-Mama. Das wäre nichts für mich, so langweilig!«

Ich glaube, es macht die Menschen deswegen wütend, dass die Mütter vom Kollwitzplatz, die Hausfrauen Berlins, Kaffee trinken dürfen – obwohl die Arbeit, die sie machen, kein Geld einbringt, obwohl die Arbeit, die sie machen, keine Lohnarbeit ist –, genau deswegen, weil der Kaffee ein Symbol des Kapitalismus ist. Ein Symbol für Genuss, für Exportwaren, für viel Schaffen. Und diese faulen Frauen, die nichts beitragen zum Kapitalismus, genießen seine Früchte – wie dekadent! Wie unfair!

Für viele ist eine Mutter, die, während sie ihre Kinder betreut, einen Kaffee trinkt, automatisch eine Anti-Feministin – denn sie genießt das »Nicht«-arbeiten-Gehen, das Zu-einem-reichen-Mann-Gehören, sie akzeptiert ihr leichtes Leben, ein Leben voller Luxus und Spaß. (Man sollte nicht aus dem Auge verlieren, dass nicht überall auf der Welt die Kitas so subventioniert sind wie hier in Berlin, das heißt, dass in vielen Orten eine Mutter, die nicht arbeiten geht, kein Zeichen von Luxus ist, sondern eine praktische Notlösung.)

Aber vielleicht ist auch ein Grund, ein eher unterbewusster Grund, weshalb die Kaffeeabhängigkeit so vieler junger Mütter die Menschen so zu triggern scheint, nicht nur Neid, sondern auch ein mulmiges Schuldgefühl: Kinder großzuziehen heißt: wenig Schlaf, und wir wissen, dass die männlichen Partner oft ihren eigenen Schlaf besser beschützen, als die Frauen es tun. Die Kinderbetreuung und die Hausarbeit alleine – oder fast alleine – zu schaffen, ohne seelische Unterstützung, erschöpft viele Frauen so sehr, dass sie ohne Kaffee nicht überleben können. Die Notwendigkeit des Kaffees im Alltag junger Mütter: Vielleicht erinnert sie die Gesellschaft an ihre Erschöpfung, an ihre Anstrengung, an ihre Ausbeutung? Und wird deswegen verspottet, denn der Mensch tritt gerne nach unten, oft sogar dann, wenn er glaubt, dass er gerade nach oben zielt.

Feminismus ist cool geworden in Deutschland, und ich freue mich darüber. Aber ein Feminismus, der keine Solidarität mit Hausfrauen hat, ist kein Feminismus. Sogar wenn diese Frauen selbst schuld sind, sogar dann, müssen sie befreit werden. Die Frage ist, wie?

Feierabend

Ich tropfe Lemongrass Essential Oil in eine Flasche Glasreiniger und spritze das Badezimmer voll. Ich habe nämlich gehört, dass Lemongrass gegen ADHS wirken soll. Mein großer Sohn hat eine ADHS-Diagnose, will aber die Pillen nicht nehmen, denn ihm wird davon übel. Er kotzt auf dem Weg in die Schule. Jetzt versuchen wir, sein ADHS mit Ergotherapie zu behandeln, es klappt so, naja, ein bisschen. Schaden tut es nicht. Einmal pro Woche ruft mich eine Lehrkraft aus der Schule an und sagt mir, dass es so nicht weitergeht. Ich tue, was ich kann. Heimlich ätherische Öle überall in der Wohnung verspritzen.

Jetzt putze ich den Spiegel. Mein Freund kommt heute nach Hause, er ist gerade zwei Wochen weggewesen.

Ich gucke mein Gesicht im Spiegel an und seufze. Wie ist es dazu gekommen, dass ich, Jacinta Nandi, *Missy*-Kolumnistin, Feministin, Riotmama, dass ausgerechnet *ich* aus Versehen in einer Beziehung gelandet bin, in der mein Freund erwartet, dass ich 100% der Hausarbeit und Kinderbetreuung mache? Es ist irgendwie passiert, es ging total leicht, aber ich verstehe immer noch nicht wirklich wie.

Ich putze die Wasserhähne. Habe bei einem Putz-Podcast gehört, dass, wenn die Wasserhähne sauber aussehen, deine ganze Wohnung sauber aussieht. Ich gucke mich noch mal im Spiegel an. Lächele mich an. Mein Freund erwartet nicht nur, dass ich 100% mache, denke ich, sondern auch, dass ich es 100% perfekt mache.

Das Baby wird bald zwei. Es stimmt, seitdem das Baby da ist, habe ich nichts beigetragen zur Miete. Die Stromrechnung habe ich bezahlt und das Telefon, aber eigentlich habe ich nichts bezahlt. Das stimmt. Aber ich habe doch auf das Baby aufgepasst! Hätte ich das nicht gemacht, hätte mein Freund nicht arbeiten gehen dürfen und Geld verdienen können und auch die Miete nicht bezahlt.

Manchmal denke ich, er sollte mich einfach als Putzfrau einstellen. Vielleicht sollte ich ihm eine Rechnung schicken für alles, was ich tue. Vielleicht wäre er glücklicher, würde mich nicht mehr wie eine Last sehen, die ihn nur runterzieht, und ich wäre viel reicher – und ich würde nicht viel mehr putzen müssen als jetzt.

Und manchmal denke ich, so sehr ich den Kleinen auch liebe, wenn ich gewusst hätte, dass mein Freund so viel erwarten und so wenig helfen würde, hätte ich abgetrieben.

Wenn er da ist, sitzt er abends auf dem Sofa und guckt Sport. Oder schwedische Krimis. Manchmal, wenn die Küche sehr schmutzig ist und das Baby sehr müde, bringt er das Baby ins

Bett – aber normalerweise mache ich alles, und er sitzt. Er hat Feierabend. Ich habe irgendwie nie Feierabend, wahrscheinlich denkt er, dass das okay ist, weil ich ja irgendwie auch nie Arbeit habe.

Wer ist schuld an meiner Situation? Bin ich schuld? Bin ich wirklich so eine schlechte Hausfrau, wie er immer sagt? Es kommt mir so unfair vor. Warum bin ich die Schmutzige, die Verplante, die Chaotin? Er sitzt auf dem Sofa, guckt fern, spielt mit dem Handy, während ich Wäsche falte – aber weil ich nicht voll Marie-Kondo-mäßig falte, bin ich die Schmutzige, und er, der merkt, dass ich die Kleidung des Babys nicht gut genug gefaltet habe, der Saubere? Kommt euch das fair vor? Mir kommt's ein bisschen unfair vor. Kommt ihm das fair vor? Manchmal denke ich, dass es ihm fair vorkommen muss! ABER WIE KANN DAS SEIN?

Ich habe nie Feierabend, er hat immer, wenn er in der Wohnung ist, Feierabend. Diese ganze Wohnung ein Abend voller Feier für ihn – und jeder Fleck auf dem Boden, jede Nudelsalatpackung, die *er* im Wohnzimmer lässt und die *ich* nicht wegräume, ist ein Zeichen dafür, dass ich als Hausfrau versagt habe. Was ist passiert? Wie konnte das passieren? Es MUSS irgendwie meine Schuld sein.

Oder vielleicht, sagt eine kleine Stimme in meinem Kopf, vielleicht ist es doch nicht meine Schuld. Er wird einfach nie, wirklich nie und nichts in der Wohnung mithelfen und wird das immer rechtfertigen, mit Argumenten und Weisheiten.

»Ich bin so pingelig!«, sagte er neulich, als er bemerkt hatte, dass ich Babykleidung ungefaltet in einen Kasten geschmissen hatte. »Entschuldigung, ich komme aus der Schweiz. Vielleicht ist es in England nicht so wichtig, wie man Kleidung faltet?«

Ich guckte ihn an und sagte nichts. Ich weiß nicht, was die Antwort ist. Ich weiß nicht, was ich tun soll. Also mache ich weiter. Ich tue das Beste, was ich tun kann. Und ab und zu (normalerweise) schmeiße ich die Babykleidung ungefaltet in die Kiste.

Ryan, der Teenager, kommt ins Badezimmer.

»Kommt Thomas heute Abend nach Hause?«, fragt er. Er hockt auf dem Rand der Badewanne. Ich sortiere meine Shampooflaschen.

»Ja«, sage ich.

»Schade«, sagt er.

»Warum schade?«, frage ich. Ich glaube, ich weiß, warum – ich habe weniger Zeit für ihn dann, und er fühlt sich so vernachlässigt.

»Du kochst besser, wenn er nicht da ist«, sagt er. Ich bin ein bisschen enttäuscht, ehrlich gesagt. »Du kochst voll gut, wenn er weg ist. Fischstäbchen und Pommes. Eier und Bohnen und Pommes. Burger und Pommes. Fischstäbchen und Bohnen. Bratwurst und Pommes. Bratwurst und Bohnen. Champignons auf Toast. Champignons mit Käse auf Toast. Toast Hawaii. Käse auf Pommes. Wenn Thomas da ist, gibt's immer irgendwelches Zeug mit Salat.«

»Ich mache für euch auch Salat«, sage ich.

»Gurke schneidest du, für Baby Leo«, sagt er.

»Hast du gehört, wie er Gurke Nane nennt?«, frage ich.

»Wie ein kleiner Ossi«, sagt er. »Er ist im Osten geboren. Oder? Lichtenberg ist Osten?«

Ich nicke. Ryan ist voller Klischees über den Osten, aber weiß nie, wo Osten ist. Neulich hat er mit mir gestritten darüber, ob Potsdam im Osten ist oder nicht. Besserwisser, der es doch nicht immer besser weiß.

»Erinnerst du dich, als du ein kleines Kind warst, du konntest nicht schlafen, und du bist rausgekommen aus deinem Zimmer, und ich habe das Badezimmer geputzt und du meintest: Oh, du putzt das Badezimmer, welche Großeltern besuchen uns morgen?«

Wir lachen bei der Erinnerung.

»Haben uns Großeltern besucht?«, fragt er.

»Nee«, sage ich. »Ich glaube, es war diese schwedische Feministin, erinnerst du dich an sie? Sie hat mich voll geghostet.«

»Riecht lecker hier drin«, sagt er und steht auf.

»Ist gut für dein ADHS!«, rufe ich ihm hinterher.

»Hör auf, mich heimlich mit diesen Ölen heilen zu wollen!«, sagt er. »Das ist nur der Placebo-Effekt, es klappt nur, wenn du mir sagst, dass du es machst.«

Seine Zimmertür knallt zu. Bald muss ich Baby Leo vom Mittagsschlaf aufwecken. Ich gucke mich im Fenster an. Ich sehe okay aus, wenn ich lächele.

»Du machst das toll«, flüstere ich. Ich lächele. »Du machst das okay«, sage ich. »Du machst das voll okay.«

Karrierefrau versus Hausfrau (wie Alien versus Predator)

Ich glaube, niemand denkt, dass ich eine tolle Hausfrau bin – aber die super-duper tollste ambitionierte erfolgreiche Killerkarrierefrau bin ich auch eigentlich nicht, oder? Ich bin nicht mal in die Künstlersozialkasse gekommen! Ich lebe so ein Loserleben, wo ich mal Kleinkünstlerin, mal Englisch-Nachhilfelehrerin bin – ich glaube, das ist der Hauptgrund dafür, weshalb ich die bezahlte Putzkraft nicht als ausgebeutete, unterdrückte Sklavin sehen kann. Weil ich auch keine Rente habe. Weil ich 12 Euro pro Stunde ein ganz gutes Gehalt finde. Weil ich ganz oft 12 Euro pro Stunde für Englischunterricht kriege, weil ich ganz oft nach einem Abend Lesebühne mit 30 Euro oder sogar weniger in der Tasche nach Hause gehe. Eine Karrierefrau sieht anders aus – und wenn ich »anders« sage, meine ich erfolgreicher.

Jahrelang lebte ich vom Englischunterricht. Ich finde vieles an mir peinlich, das aber nicht, wenn ich ehrlich bin. »Ist es dir nicht peinlich, so ein Klischee zu sein?«, fragte mich meine Freundin Diane, die manchmal echt bitchy sein kann. Ich wusste gar nicht, wovon sie redete. Ich hatte angefangen, im Hof von einem Club einer Gruppe Spaniern den Unterschied zwischen *I have been sleeping with my boss* (eine Affäre, die noch nicht vorbei ist) und *I have slept with my boss* (ein ONS) zu erklären.

Ich schäme mich nicht dafür, keine tolle Karrierefrau geworden zu sein. Ich werde nicht neidisch, wenn ich die Werdegänge meiner Uni-Kommilitoninnen lese. Es ist okay für mich, so wie es gelaufen ist. Eine Alleinerziehende, eine Hartz-IV-Mama, eine Englischlehrerin, eine Übersetzerin, eine Kleinkünstlerin. Ist okay. Außer, wenn ich an meine Kiddies denke. Dann denke ich: Sie haben unter der Karriere der Mama so gelitten, als ob ich die CEO von MTV wäre oder, was weiß ich, bei der World Bank fest angestellt.

Einmal, es war der 23. Dezember, der letzte Hort-Tag des Jahres. Ich hatte einen Englischkurs um 16 Uhr, was nicht besonders spät ist, oder? Es klingt nicht besonders spät. Aber wir waren um 17.10 fertig, und ich rannte wie verrückt zum U-Bahnhof, und war trotzdem erst 17.55 im Hort. Mein Sohn war damals sieben Jahre alt. Die Schule, der Hort, alles leer. Ein Zettel klebte auf der Tür zum Hortbereich: WIR SIND IM KELLER. Ich rannte runter – ich hatte High Heels an –, das Gebäude leer und leise. Keine Kinder, keine Lehrer, keine Erzieher. Leer und leise war alles. Mein Sohn und der türkische Hausmeister in einem Raum. Der Hausmeister reparierte, mein Sohn reichte ihm ab und zu ein Werkzeug. Mein Sohn, wie er es damals öfters machte, redete pausenlos – ab und zu sagte der Hausmeister »Ja« oder vielleicht »Hammer bitte.«

»Ryan«, flüsterte ich von der Tür und er drehte sich um, sein Gesicht voller Sonne.

»Ich helfe!«, rief er begeistert, und dann ein Moment Panik: »Mama, morgen ist Weihnachten«, als ob ich es vielleicht vergessen hätte.

»Andere Kind sind weg«, sagte der Hausmeister. »Beate wollte nach Haus gehen.«

»Ja«, sagte ich. Es war kein Vorwurf, und trotzdem wollte ich mich verteidigen:

»Die anderen Mütter«, sagte ich unsolidarisch, »sind alle Teilzeit arbeitend als Yogalehrerinnen!« Ich erwähnte nicht, dass ich eine Teilzeit arbeitende Englisch-Nachhilfelehrerin war. Ich war voller Wut und Neid – und Scham.

»Er ist ein guter Junge«, sagte der Hausmeister. »Viel helfen, viel reden.«

Ryan umarmte seinen Hausmeister und rannte weg. Ich kam mir wie eine schlechte Mutter vor. Ich kam mir wie eine Rabenmutter vor.

Warum erzähle ich das alles? Weil ich sonst keine großen Unterschiede merke zwischen Ostfrauen und Westfrauen, aber bei der Reaktion auf diese Geschichte war der Unterschied spürbar.

»Ich hatte so ein schlechtes Gewissen!«, erzählte ich einer westdeutschen Freundin.

»Kann ich gut verstehen!«, antwortete sie sofort. »Du bist keine Karrierefrau, und der Kleine muss nicht zu Weihnachten das letzte Kind im Hort sein, oder? Du solltest versuchen, am letzten Tag vor den Ferien halbtags zu arbeiten.«

»Aber 16 Uhr ist echt nicht spät«, sagte ich, »oder?«

»Er wird bestimmt später seiner Therapeutin davon erzählen!«, lachte sie. Es war einer dieser Witze, die eigentlich nicht lustig sind.

Ich biss nachdenklich auf meiner Unterlippe herum. Wechselte das Thema und dann machte ich eine Umfrage bei meinen deutschen Freundinnen. Und ich entdeckte eine klare Trennung bei Ost- und Westdeutschen, die wie die Chinesische Mauer bestimmt vom Weltall aus gesehen werden könnte. Irgendwie dachten alle Westdeutschen, dass ich »irgendwie« »irgendwas« »besser« »organisieren« hätte sollen – ich weiß nicht genau, was –, während die Ostdeutschen gleichgültig mit den Schultern zuckten und sagten: »So ist das halt, wenn man arbeiten muss und ein Kind hat.«

»Findest du es echt nicht schlimm für ihn?«, fragte ich meine Freundin Steffi, die bei Lush arbeitete.

Sie lächelte: »Nein! Hat der Hausmeister ihn geschlagen oder so was? Ich verstehe die Geschichte nicht ganz. Klingt für mich nach Spaß, unten im Keller, mit den Werkzeugen und so.«

»Er liebt diesen Hausmeister«, gab ich zu.

»Siehste!«, sagte Steffi.

»Wollte ihn zu seinem Kindergeburtstag einladen.«

Steffi nickte.

»Ich denke manchmal«, fuhr ich fort, »dass meine Karriere es nicht rechtfertigt, ihn so viel im Hort zu haben. Ich sollte mehr Geld verdienen, dann wäre dieses Rabenmütterleben zu rechtfertigen.«

Steffi sagte: »Das kann ich nicht nachvollziehen. Du musst es gar nicht rechtfertigen, dass du arbeiten gehst und ein Kind hast. Egal, wie viel du verdienst! Das hat mit Rabenmüttern nichts zu tun! Das ist selbstverständlich.«

Und das ist es auch für die Frauen aus Ostdeutschland, die ich kenne: selbstverständlich. Eine Frau arbeitet, sie muss keine Karriere machen, aber sie arbeitet, auch wenn sie Kinder hat. In der DDR war es gang und gäbe, sein Kind zur Kita zu schicken, ab einem echt jungen Alter, und Hort war auch normal. Dieses Stigma, das wir aus dem englischsprachigen Raum mit Fremdbetreuung assoziieren, ist ihnen tatsächlich fremd. Die Ostfrauen hatten Gleichberechtigung, wenn es darum ging, nach der Geburt wieder arbeiten zu gehen. Allerdings mussten auch sie damals wie heute doppelt arbeiten: zu Hause und außerhalb des Hauses.

Im Vergleich dazu basiert die jetzige Bundesrepublik, so wie die alte Bundesrepublik, darauf, dass eine Frau entweder Hausfrau oder Karrierefrau ist. In den 50ern durfte eine westdeutsche Frau nicht arbeiten gehen ohne die Erlaubnis ihres Ehemannes. Heutzutage gibt es keine spezifischen Gesetze, die deutschen Frauen verbieten, arbeiten zu gehen – aber unsere Gesellschaft basiert subtil darauf, dass die Frau und die Kinder zu einem Mann gehören. Ehegattensplitting, Familienversicherung, all das macht es schwer für eine Frau, finanziell unabhängig zu sein. Wenn eine Frau mit einem Mann zusammenkommt, der mehr als sie verdient, ist es oft »praktisch«, es so zu »organisieren«, dass sie die meiste Kindererziehung übernimmt. Und dann verliert sie Jahre ihrer Karriere, und die Ungleichheit ist noch tiefer als zuvor.

86.000 Gedanken

Angeblich hat man 86.000 Gedanken am Tag, und wenn sie alle negativ sind, ist dein Gehirn wie ein Garten mit verdorbenem Unkraut, aber das Gute ist, wenn sie überwiegend positiv sind, dann ist dein Gehirn wie eine Wiese im Sommer mit kleinen blauen Blumen drin, und die Gedanken tanzen im hellgoldenen Sonnenschein in der leichten erfrischenden Brise, und das echt Gute ist, dass man seine 86.000 Gedanken steuern kann, indem man sich bewusst auf die positiven Gedanken konzentriert und die bösen, negativen ignoriert. Man denke an die guten und schlechten Bakterien im Darm und die Wirkung von Actimel, je mehr Actimel man trinkt, desto weniger böse Bakterien besiedeln den Darm, so einfach ist es, deine Gedanken zu steuern. Und deswegen schreibe ich jetzt ein Gratitude Journal: ein Dankbarkeitstagebuch.

Woher habe ich diese Info mit den 86.000 Gedanken, fragt ihr euch, und woher weiß ich, dass das stimmt? Das ist ganz simpel, ich habe das gelernt von einer Hippiefrau bei YouTube, und ich weiß, dass das stimmt, denn warum würde eine Hippiefrau bei YouTube mich anlügen?

Ich fange an, immer abends, nachdem das Baby eingeschlafen ist, ganz normal in mein Dankbarkeitstagebuch zu schreiben, werde aber immer besoffener, und manchmal, wenn ich richtig besoffen bin, gerät meine Dankbarkeit außer Kontrolle.

Ich fange ganz normal an:

Ich bin dankbar, dass die Welt schön ist und ich in Sicherheit bin.

Ich bin dankbar, dass ich Kinder habe.

Ich bin dankbar, dass die Kinder gesund sind (ich versuche, den Gedanken zu unterdrücken, dass das ein bisschen behindertenfeindlich ist).

Ich bin dankbar, dass die Kinder hübsch sind (ich versuche, den Gedanken zu unterdrücken, dass das lookist ist, schaffe es doch nicht, und lösche das aus meinem Dankbarkeitstagebuch).

Ich bin dankbar, dass ich meinen Freund kennengelernt habe, da er mir das Baby gemacht hat, und das Baby ist perfekt.

Ich bin dankbar, dass mein Exfreund mit mir Schluss gemacht hat, denn nur so konnte ich das Baby machen.

Ich bin dankbar, dass mein Freund jetzt drei Wochen weg ist, so dass ich mit dem Baby alleine eine Bindung aufbauen kann.

Ich bin dankbar, dass die perfekteste Kita aller Zeiten uns abgelehnt hat, weil wir jetzt viel, viel Zeit haben werden, um uns zu binden, wir werden so verbunden sein, wir werden eine Mutter-Kind-Bindung haben, auf die alle anderen Mütter auf dem Spielplatz voll neidisch sein werden.

JA, ICH BIN DANKBAR, DASS WIR KEINEN KITAPLATZ BEKOMMEN HABEN, SO HABE ICH MEHR ZEIT MIT MEINEN KINDERN. ICH BIN DANKBAR FÜR DEN BREXIT, SO LERNE ICH DIE EU RICHTIG KENNEN, RICHTIG ZU SCHÄTZEN, WIRKLICH ZU LIEBEN. ICH

BIN DANKBAR, DASS ICH DICK BIN, DENN JETZT WEISS ICH, DASS MEIN FREUND MICH WIRKLICH WEGEN MEINER PERSÖNLICHKEIT LIEBT UND NICHT WEGEN MEINES KÖRPERS. ICH BIN DANKBAR, DASS ICH SO VIELE KOHLENHYDRATE ESSE, DASS MEIN BAUCH AUSSIEHT WIE DER EINES NARWALS, DENN DIE SIND MEINE LIEBLINGSWALE. ICH BIN DANKBAR, DASS ICH ALLEINE BIN IN DEUTSCHLAND, WEIL MENSCHEN MIT FAMILIEN IMMER AN NERVIGEN PICKNICKS UND GRILLPARTYS TEILNEHMEN MÜSSEN UND ICH TOTAL GLÜCKLICH ZU HAUSE BLEIBEN DARF. ICH BIN DANKBAR, DASS ICH UND DAS BABY DIE OSTERFEIERTAGE TOTAL ALLEINE VERBRINGEN DÜRFEN. ICH BIN DANKBAR, DASS …

Ich höre auf zu schreiben, dass ich dankbar bin, denn ich merke gerade, dass ich aus Versehen aus Langeweile viel getrunken habe innerhalb von zwanzig Minuten und eigentlich ziemlich betrunken bin. Keine Kita, keine Arbeit, keine richtigen Freunde, keine Ziele, Mann, bin ich deprimiert und total undankbar für mein verkacktes Leben. Ich twittere: *When I am drunk sometimes the things I write in my gratitude journal can get a bit out of control.* Zwei Minuten später schäme ich mich, dass ich das geschrieben habe, aber wenn ich es lösche, werden die Leute wissen, dass ich mich schäme, und solange die anderen Menschen nicht wissen, dass du dich schämst, ist es halb so schlimm, du schämst dich nur theoretisch. Das ist wie wenn ein Baum hinfällt im Wald, aber niemand guckt hin: zählt kaum. Ich threade eine Antwort zu meinem schamvollen Tweet: Schreibe gerade einen Text darüber für morgen bei meiner Lesebühne! Ha, denke ich mir. Jetzt schnell einen Text über Dankbarkeit schreiben, und das Leben kann weitergehen. BITTE SCHÖN!

Der Schmutz soll drinnen bleiben

Schmutz soll drinnen bleiben, drinnen, innerhalb der Wohnung, innerhalb der vier Wände. Es ist kein Zufall, dass man, wenn eine Frau erzählt, dass sie als Kind missbraucht oder als junge Frau belästigt worden ist, ihr sagt, sie solle ihre schmutzige Wäsche nicht in der Öffentlichkeit waschen. Ich glaube, dass es kein Zufall ist, dass auf Deutsch – und auf Englisch – die Beleidigung für eine sexuell zu aktive Frau auch für eine schlechte Hausfrau passt. Auf Deutsch: Schlampe. Auf Englisch: *Slut*. Schlechte, schlampige Hausfrauen räumen den Schmutz nicht brav weg – sondern sie bringen den Schmutz ans Licht. Hier, guckt, hier. Hier ist Schmutz. Guckt her!

Eine Frau, die sich Hausfrau nennt, unterdrückt sich selbst. Sie ist schuld, wenn ihr Mann ihr nicht im Haushalt hilft, denn sie selbst will das so. Eine Frau, die sich nicht Hausfrau nennt, aber früh aufsteht, alles fertigmacht für die Kinder, arbeiten geht, nach Hause kommt, schnell putzt, während ihr Mann fernsieht? Sie ist frei. Sie lässt sich nicht unterdrücken. Sie befreit sich selbst aus der Hausarbeitsfalle.

Man findet Hausarbeit eklig, langweilig und eklig. Deswegen, vielleicht, findet man Hausfrauen lächerlich. Wer Schmutz wegputzt, muss vielleicht Kacke anfassen. Wer darüber spricht, gibt zu, dass er Kacke angefasst hat. Niemand möchte sich blamieren, deswegen tun alle so, als ob die Hausarbeit von alleine gemacht würde.

Hausarbeit und Putzen sind kein ernsthaftes Thema, mit dem man sich beschäftigen sollte. Es ist kein wichtiges Thema. Die Menschen, die sich damit beschäftigen, sind nicht so intelligent wie die, die sich nie darüber Gedanken machen.

Schmutz, wie auch die Frau, soll drinnen in der Wohnung bleiben. Es soll keine Kacke an die Hände kommen, oder

Periodenblut auf die Wände. Frauen sollen keine Schlampen sein – sie sollen ordentlich sein und keinen Schmutz produzieren. Vielleicht denken Männer immer noch, unterbewusst, dass Frauen so eklig sind wegen der Periode, und deswegen alleine für das Putzen verantwortlich sind? Eine Frau, die mit der Hausarbeit nicht klarkommt und offen darüber spricht, sie zeigt ihren Schmutz der Welt. Das ist eklig. Man möchte nicht hingucken. Diese Frauen sollen schweigen. Und sie sollen sich nicht Hausfrauen nennen.

Dirty Bastards

Ich bin eine schlechte Hausfrau. Wahrscheinlich bin ich die schlechteste Hausfrau der Welt. Ich bin eine so schlechte Hausfrau, dass meine Exfreunde mich immer loben mussten, wenn ich ausnahmsweise was Sauberes gemacht habe statt Schweinerei.

Mein Exfreund, der Engländer, zum Beispiel. Er hat mich immer gelobt, wenn er dachte, ich mache Fortschritte.

»Du bist ein braves Mädchen heute«, sagte er zum Beispiel. »Ich bin total stolz auf dich.«

»Ja?«, fragte ich. »Warum? Was habe ich gemacht?«

»Du hast die Handtücher zurück ins Bad gebracht«, sagte er. »Sehr gut.« Oder manchmal: »Du hast die richtige Mülltüte in die Mülltonne getan. Danke schön. Das sieht so gut aus, wenn du das machst.«

Ich weiß nicht, warum ich so eine schlechte Hausfrau bin, aber ich weiß nur, dass ich, wenn ich was putzen muss, sehr spezifische Kopfschmerzen hinter den Augen bekomme. Deswegen kann ich nicht lange putzen. Mein Ex, der Engländer, glaubte, dass ich zu schnell denke, und beim Putzen muss man langsam denken, und deswegen halte ich es nicht aus. Deswegen sprach er, wenn er mir beim Putzen zuguckte, ganz langsam und hypnotisierend mit mir: »Hoch … und runter und … rund, und rund und rund und rund … und jetzt wieder hoch, jetzt den Lappen spülen – sehr gut – und jetzt noch eine Runde – hoch und runter und rund, rund, rund – einmal rund – den Lappen spülen – sehr gut. Sehr gut hast du das gemacht. Toll!«

Aber ich fürchte, dass das alles nur ein Trick gewesen ist, um mich mehr zum Putzen zu bringen.

Ich erinnere mich, wie meine ältere Schwester mit ihrer jüngsten Tochter nach Berlin zu Besuch kam, als mein Teenager Ryan so sieben Jahre alt war.

»Ich bin die schlechteste Hausfrau der Welt«, sagte ich zu ihr.

»Nee«, sagte sie. »Ich bin die schlechteste Hausfrau der Welt!«

»Nein«, korrigierte ich. »Ich bin das.«

Wir fingen an, uns darüber zu streiten, wer von uns die schlechteste Hausfrau der Welt ist. Ich muss sagen, der Schlampenwettbewerb ging echt knapp aus.

»Evie«, sagte sie über ihre zweite Tochter, »wusste nicht, dass man Eierkuchen aus Milch und Mehl und so machen kann, und nicht immer aus dem Fertigmix aus der Packung.«

Ja, dachte ich. Das ist ziemlich beschämend für eine Hausfrau. Aber ich kann das locker toppen.

»Einmal, als ich das Badezimmer geputzt habe und Ryan mir dabei zuschaute, fragte er mich, welche Großeltern uns morgen besuchen würden.«

Meine Schwester lachte.

»Ja, okay«, sagte sie. »Das ist ziemlich gut. Ich meine, schlecht.«

»Oh!«, sagte ich. »Und bei Ryans Sprachtest für die internationale Schule war das einzige Wort, was er nicht kannte, ›Bügeleisen‹. Sie haben mir nachher erzählt, wie er das Bild mit dem Bügeleisen anguckte und meinte: ›Ich weiß nicht, was das ist. Ich weiß nicht, was dieses Ding ist.‹ Aber sie haben ihm keine Punkte abgezogen, weil sie dachten, dass es kein sprachlicher Mangel wäre, sondern dass das Bügeleisen nicht zu seinem Alltag gehörte. Sie meinten zu mir: ›Wir haben uns gedacht, dass es vielleicht nicht Teil seiner Alltagskultur war.‹«

Meine Schwester lachte sehr.

»Ich kann das toppen«, sagte sie.

»Kannst du nicht«, sagte ich.

»Kann ich doch«, sagte sie.

»Dann topp mal«, sagte ich.

»Als Jamie das erste Mal unser Bügelbrett gesehen hat – ich bewahre es in der Putzkammer auf –, als Jamie das also das erste Mal gesehen hat, ist sie zu mir gerannt und hat gerufen: »Mama! Wir haben ein SURFBRETT im Schrank!«

Ich lachte. »Du gewinnst«, gab ich zu. »Aber ich bin die zweitschlechteste.«

Aber zwei Wochen später merkte ich, dass meine Schwester doch Unrecht hatte. *Ich,* Jacinta Nandi, ich bin die schlechteste Hausfrau der ganzen Welt und aller Zeiten.

Was passiert ist: Als ich Ryan von der Schule abholte, sah er richtig blass und müde, total verhungert aus.

»Ich habe Hunger«, flüsterte er.

»Du hast Hunger?«, fragte ich besorgt. »Warum hast du nicht dein Mittagessen gegessen?«

»Ich konnte das nicht«, sagte er.

»Warum konntest du das nicht?«, fragte ich.

»Das war nicht essbar«, sagte er.

»Du musst aufhören, so wählerisch zu sein«, sagte ich. »Glaubst du, dass Mesut Özil wählerisch ist? Mesut Özil isst all sein Gemüse auf. Ich habe so ein Interview mit ihm gelesen, erst gestern. Mesut Özil isst alle Arten Gemüse, die es gibt in dieser Welt.«

»Mum«, sagte Ryan. »Ich konnte das nicht essen, was sie mir gegeben haben.«

»Du hättest es probieren sollen«, sagte ich.

»Ich konnte das nicht in der Nähe von meinem Mund haben«, erklärte er.

»Was war es denn?«, fragte ich.

Er guckte mich ernsthaft an.

»Es gab zum Essen«, sagte er bedeutungsvoll und ernsthaft und sehr betont: »Zum Essen gab es Fischhaut mit Quark drin und Kartoffeln.«

Ich guckte ihn an und sagte nichts. Ich guckte ihn einfach an und schwieg. Dann fragte ich, leise: »Was?«

Er wiederholte: »Fischhaut mit Quark drin und Kartoffeln.« Ich kann das genau so auf Englisch sagen, wie er es gesagt hat: »Fischhaut with Quark inside and potatoes.«

Ich sagte nichts. Ich guckte ihn verzweifelt an und sagte dabei nichts. Ich durfte ihm nicht sagen, was ich gerade dachte. Ich sagte heimlich zu mir: »THESE DIRTY GERMAN BASTARDS, fucking German scum, always writing their fucking books about intefuckingration and then feeding our innocent ausländische children Fischhaut with Quark inside and fucking potatoes, scum, scum, scum, dirty German scum, fucking Fischhaut with fucking Quark inside, and fucking potatoes, I wish this scumbag land would fucking schaffen itself fucking ab, fucking Fischhaut, THE DIRTY BASTARDS, my poor boy, FUCKING Fischhaut with Quark inside, aw, my poor boy, my poor boy, the poor child, those filthy bastards, oh, oh, oh, this, this, this, this, this, THIS is what the RAF were talking about, now I understand the Baader-Meinhof-Komplex, now I get it, now I finally get it, now I understand: These People. Are. Filthy. Scum. Fischhaut. With Quark inside. The dirty bastards. My poor boy. Fisch-HAUT. For fuck's sake.«

Ich sagte das aber nicht laut. Ich beugte mich zu seinem Level hinunter, brachte seinen Körper in die Nähe zu meinem, und ich fasste ihn an der Schulter. Dann atmete ich tief ein und erklärte ihm so, wie sie bei Supernanny immer zeigen, dass man den Kindern, nachdem sie vom Naughty-Stuhl aufstehen dürfen, noch mal so leise und ruhig erklären soll, warum sie auf den Naughty-Stuhl mussten, so ruhig und entspannt und verständnisvoll: Du musstest auf dem Naughty-Stuhl sitzen, weil du mich eine Fotze genannt und mich in den Bauch getreten hast, deswegen, in genau diesem Ton sprach ich ihn jetzt an:

»Ryan«, sagte ich. »Manchmal lebt man in einem Land und die Menschen, die in diesem Land wohnen, die tun komische Sachen, die nicht okay sind. Aber man muss da nicht mitmachen. Es ist okay, dass sie das tun, aber wir müssen nicht mitmachen. Ich akzeptiere total, dass du nicht –«, ich atme wieder tief ein, »– dass du nicht Fischhaut mit Quark drin essen wolltest. Mama hätte das auch nicht gegessen. Aber es ist okay, dass die deutschen Leute das tun. Die mögen das. Wir akzeptieren das. Aber wir wollen das nicht essen. Und wir müssen das nicht essen. Niemand darf dich dazu zwingen. Das nächste Mal, wenn die Dinner-Ladies versuchen, dir –«, ich atmete noch mal tief ein, ich konnte über dieses Essen nicht sprechen ohne viel Luft in meinem Körper, »– Fischhaut mit Quark drin zu geben, sag ihnen: ›Meine Mama ist eine Ausländerin, und sie sagt, dass ich das nicht essen muss, weil das keinem Ausländer schmeckt. Kann ich bitte ein bisschen Brot haben? Danke.‹«

»Ja, okay, Mama«, sagte er.

»Gut«, sagte ich.

Wir holten die Sachen für den Weg nach Hause, Pendelmappe, Snack-Box, Schulranzen. Wir verließen die Schule und liefen die Straße entlang.

»Hast du sehr schlimm Hunger?«, fragte ich ihn besorgt.

»Mein Bauch tut voll weh vor Hunger«, sagte er.

»Lass uns hier rein«, sagte ich, als wir am Steak-House vorbeikamen. Beim Steak-House kaufte ich ihm einen Grillteller. Mozzarella Sticks, Chicken Nuggets, Chicken Wings, Karottensticks, Lamm und Rindfleisch. So.

»Du hättest das auch nicht gegessen, oder, Mama?«

»Ich finde es okay, dass sie das essen«, sagte ich. »Ich verurteile sie nicht dafür.«

Der Grillteller kam. Ryan aß alles mit Begeisterung auf. Nur die Mozzarella Sticks nicht.

»Iss deine Mozzarella Sticks auf, Ryan«, sagte ich.

»Ich mag die nicht«, sagte er.

»Warum nicht?«, fragte ich.

»MUM! Ich hasse Fischhaut mit Quark drin. Habe ich doch schon gesagt.«

Ich sagte wieder nichts, guckte meinen Sohn an. Die Zellen in meinem Gehirn drehten sich langsam.

»Was?«, sagte ich leise.

»Ja, so Fischhaut mit Quark drin … so wie das hier.«

»Das ist kein Quark«, sagte ich. »Das ist Mozzarella.«

»Sieht aus wie Quark«, sagte er.

»Das ist keine Fischhaut«, sagte ich.

Ryan guckte mich total überrascht an.

»Das ist keine Fischhaut?«, fragte er.

»Warum hast du gedacht, dass das Fischhaut ist?«, fragte ich, langsam, wütend, eisig.

Ryan knabberte zufrieden an einer Karotte.

»Das ist die Haut von Fischstäbchen«, erklärte er.

Ich guckte ihn an und dachte zwei Sachen. Erstens dachte ich: Boah, Ryan, du verwöhntes Arschloch. Was für ein verwöhntes Arschloch bist du. Und zweitens dachte ich: Boah, Jacinta, du bist echt die schlechteste Hausfrau aller Zeiten. Dein Sohn denkt, dass die Panade von Fischstäbchen Fischhaut ist. Fucking hell, girl. You are. Seriously. One dirty bastard.

Unabhängigkeit

»Ich bringe ihn rüber«, sagt mein Freund. Mein Baby hat gerade ausgetrunken, es ist sechs Uhr früh, aber es ist wieder eingepennt. Hurra, es sieht so aus, als ob wir zwei Stunden Schlaf geschenkt bekommen würden.

»Ach, musst du?«, frage ich. »Lass ihn doch da zwischen uns schlafen! Er sieht so zufrieden aus!«

»Er muss unabhängig werden!«, sagt mein Freund.

Das Baby sieht so süß aus, wie ein Kaninchenfötus. Schleim überall auf dem Gesicht, und so zufrieden. Babys sehen so zufrieden aus, wenn sie schlafen. Ich würde ihn gerne einfach dort schlafen lassen und dann, denke ich, schlafen wir alle länger. Ich setze mich auf.

»Mein Gott«, sage ich. »Das Baby ist sechs Monate alt. Wie unabhängig kann ein sechs Monate altes Baby werden?«

»UND ICH MUSS ENDLICH MAL WIEDER GEBLASEN WERDEN!«, ruft er.

Ach, denke ich, ja, das stimmt, das musst du. Das Baby muss gewickelt werden und der Mann muss geblasen werden und die Wäsche gemacht werden und das Abendessen gekocht werden und der Boden gewischt werden und die Einkäufe erledigt werden und die Flaschen desinfiziert werden und die Kackwindeln runtergebracht werden und was muss die Frau? WAS MUSS DIE FRAU? WAS MUSS DIE FRAU? DIE FRAU MUSS EINFACH ALLES MACHEN!

»Bring ihn rüber«, sage ich. Auf dem Weg dahin wacht das Baby auf. Gah, gah, ruft er. SAVED BY THE BELL, denke ich. Oh Gott, wann bin ich so hässlich und anti-sex geworden, denke ich. Ach, sage ich mir dann, wer geblasen werden möchte, soll öfter abwaschen. Ich stehe auf, nehme meinem Freund das Baby ab. Schicke ihn zurück ins Bett und gucke dem Baby beim »Spielen« zu.

»Ich bin einfach zu müde für Blowjobs«, sage ich später am Tag zu meiner Freundin Tina. Sie ist vorbeigekommen, um mir Babykleidung zu bringen. Sie guckt mich ganz verwirrt an.

»Für was?«, fragt sie.

»Für Blowjobs«, sage ich. »Ich kann ficken, aber ich würde gerne lieber schlafen als ficken. Aber wenn jemand mich lecken würde und mich umarmen und küssen und vielleicht zuerst die Spülmaschine ausgeräumt hätte, dann, dann, dann würde ich richtig gerne ficken. Aber so ein echter Blowjob von Anfang bis Ende, wo ich den ganzen Tag nur Baby, Baby, Baby, Haushalt, Haushalt, Haushalt, Baby, Haushalt, Baby, Haushalt habe, und dann – BLOWJOB? Ich habe keinen Bock drauf. Baby, Baby, Baby, Haushalt, Haushalt, Haushalt, Baby, Haushalt, Baby, Haushalt, BLOWJOB. Der Blowjob kommt zu plötzlich ins Bild, finde ich.«

»Wovon redest du?«, fragt sie.

»Blowjobs«, sage ich. »Ficken, Blowjobs, Analverkehr. Ich bin zu müde für Analverkehr. Wenn das Baby schläft, muss ich die Küche aufräumen. Mein Freund beschwert sich immer, wenn alte Avocados auf dem Boden liegen. Woher soll ich die Energie nehmen, um sexy zu sein? Ich bin überhaupt nicht sexy. Ich bin … ich bin … ich bin … ich bin nur noch eine Frau-Maschine.«

»Ich habe vergessen, was Blowjobs überhaupt sind«, sagt Tina. »Wir haben nicht gefickt seit …« Sie guckt beschämt auf den Boden. »Ich glaube, wir haben nicht gefickt, seit Trumps erster Muslim-Ban gekippt wurde.«

Das Baby versucht zu krabbeln. Es macht so einen Downward Dog wie im Yoga, auf seinen Händen und seinen Füßen. Er steht sogar auf Zehenspitzen. Dann bewegt er seinen Po rauf und runter. Er sieht dabei aus wie ein Flaschengeist aus einem britischen Kindertheaterstück.

»Gott, dein Baby sieht süß aus!«, sagt Tina. »Wie ein Wombat, oder?«

Ihre Kleinkindtochter versucht, ihre Hände in die Augen des Babys zu stecken.

»Finger weg!«, ruft Tina.

Jetzt liegt das Baby auf der Seite. Es versucht, sich hinzusetzen.

»Er versucht, sich hinzusetzen«, sage ich. »Er will unabhängig werden.«

Mein unabhängiges Baby. Ich bin voll süchtig nach ihm. Für mich ist er wie Heroin, jedes Mal, wenn ich ihn umarme oder er mich anlächelt, schießt diese tiefe Freude durch meinen Körper und ich vergesse all die Probleme, die dieses kleine selbstzufriedene Arschloch mir verursacht hat.

How To Clean A Pushchair

Mein Freund ist zickig, denke ich.

Er zickt immer. Er zickt. Er zickt voll rum.

Das ist das Problem zwischen uns, das ist der Grund, weshalb alles nicht klappt: weil er zickig ist.

Warum habe ich so lange gebraucht, um das zu checken? Ich weiß warum: Normalerweise ist die Zicke die Frau, die Frau bei Columbo, die ältere Frau, ohne Geld, ohne Macht, der Mann geht immer fremd, sie zickt aus Verzweiflung, aus Hoffnungslosigkeit, aus Hilflosigkeit. Normalerweise zicken nur Frauen: Frauen, die sich nicht respektiert fühlen, Frauen, die so aufs Sofa achten wie mein Freund, dass es nur keine Flecken kriegt.

Aber bei uns ist mein Freund die Zicke. Einfach: zicken, zicken, zicken, sich beschweren, sich beschweren, sich beschweren, Kritik, Kritik, Kritik. Es hagelt Kritik, er ist eine Zicke.

»Der Kinderwagen ist so schmutzig, dass es mir peinlich ist, aber wenn ich dir das sage, rastest du wahrscheinlich aus«, sagt er.

»Nee«, sage ich. »Kannst ja selber putzen, wenn es dich so stört.«

»Ist es dir nicht peinlich?«, fragt er.

Ich zucke mit den Schultern.

»Manchmal«, sage ich.

»Siehst du jemals andere Kinderwagen, die so schmutzig aussehen?«, fragt er.

»Ich gucke mir andere Kinderwagen nicht an«, sage ich.

»Aber wenn ich es doch tue, ist es mir schon ein bisschen peinlich.«

Ich hasse es, das zuzugeben, aber in Wahrheit ist mir der Kinderwagen schon peinlich, wenn ich merke, dass er schmutzig ist. Neulich habe ich ihn im Eingang vom Kaufland stehengelassen – und der Kinderwagen daneben war auch von Hauck, nur nicht so schmutzig.

»Ist echt eklig«, sagt mein Freund.

»Ach«, sage ich. »Wenn er soooooooo schmutzig ist, dann putz ihn doch!«

»Mache ich dauernd«, sagt er. »Aber ich erwarte ab jetzt, dass du dich auch ein bisschen drum kümmerst. Und vielleicht sollte Baby Leo nicht mehr im Kinderwagen essen dürfen? Aber ich will nichts sagen, worüber du dich aufregst.«

Ich sage nichts.

»Zumindest kein Eis«, sagt er.

Zickig, denke ich. Komisch, dass er denkt, ich würde mich aufregen. Ich rege mich *nie* auf – ich explodiere alle zwei Monate und schreie ihm ins Gesicht, das ja. Aber er zickt. Er ist zickig. Und dieser Gedanke entspannt mich ein bisschen. Er hat übrigens auch recht, unser Kinderwagen ist super peinlich und eklig und Baby Leo sollte kein Eis mehr im Kinderwagen essen.

Mein Freund fährt am Wochenende weg, ich vermisse ihn gar nicht, wenn er wegfährt. Deswegen habe ich ein bisschen ein schlechtes Gewissen, aber wer vermisst eine Zicke? Aber weil es mein eigentliches Ziel ist, dass er irgendwann mal mit mir zufrieden ist, dass er irgendwann mal glücklich wird und nicht mehr zickt und wir miteinander in Frieden leben können, google ich, sobald er weg ist, HOW TO CLEAN A PUSHCHAIR.

Ist eigentlich super simpel: man mischt ein Rezept zusammen, wie eine altmodische Apothekerin oder vielleicht eine Hexe, mit Natron und Essig. Dann schmierst du das in deinen Kinderwagen, lässt ihn einweichen für 12 Stunden und musst viel Zeitungspapier drunterlegen, wenn du nicht willst, dass der Boden Schaden nimmt. Also mische ich meine Mischung, schmiere den Kinderwagen damit voll, lasse einweichen und lege Zeitungspapier darunter.

Am nächsten Morgen ist der Kinderwagen so gut wie neu – und der Boden dekoriert mit hässlichen schwarzen Flecken. Ich rufe meine Freundin Tanja in Hamburg an und sie erklärt mir, ganz schnell aber deutlich, dass ich im Grunde genommen hausgemachte Säure produziert habe und damit die Oberfläche des Holzbodens permanent beschädigt habe.

Ich heule so laut, dass Baby Leo Angst bekommt und Tanja versucht, mich zu beruhigen.

»Er wird sooooooooo wütend sein!«, rufe ich. »Wenn ich daran denke, will ich meine Haut mit dieser Scheißsäure wegbrennen von meinem Leib, ich will seine kalten wütenden Augen nicht sehen, wenn er den Boden entdeckt.«

»Weine doch nicht so wegen so was«, sagt Tanja.

Ich schluchze.

»Ich weiß nicht«, sagt sie. »Jacinta, ich weiß, ihr habt ein Kind zusammen, aber ich hätte nie gedacht, dass du weinst wegen Holzböden oder einem Kinderwagen. Ich weiß nicht, ob diese Beziehung für dich das Beste ist.«

»Beziehungen mit Kindern sind immer scheiße, oder?«, sage ich. Baby Leo kommt zu mir und setzt sich auf meinen Schoß.

»Wahrscheinlich schon«, sagt sie.

Ich vernichte alle Beweisstücke und lege Kleidung und zwei Spielzeuge von Baby Leo über die schwarzen Flecken. Ich muss hart bleiben und die nicht aufheben, bevor mein Freund es tut. Dann sieht er die Flecken und denkt vielleicht, dass ich nicht schuld bin, oder nur indirekt.

Als Leo und ich in der S-Bahn sind, sagt eine alte deutsche Oma zu mir: »Ihr Kinderwagen ist so cleeeeeeeeean. Das finde ich wirklich nett.« So wie ein Hipster redet sie, alles deutsch, aber *clean* auf Englisch, komisch. »Ach ja?«, frage ich begeistert. Vielleicht werde ich irgendwann mal gut genug für dieses Land sein, denke ich. »Ich habe so eine Mischung gemacht«, sage ich. »Eine Mischung?«, fragt sie. »Ein Rezept. Mit Essig und Backpulver, das auf Deutsch Natron heißt.«

Ein deutscher Mann lacht und redet mit mir Englisch.

»She means small«, sagt er auf Englisch. »*Kleen*. She has a typical Berlin accent.«

Er redet über sie, als ob sie ihn nicht hört, weil sie kein Englisch kann, der Arsch. Aber ich bin auch eine Idiotin, gedacht zu haben, sie wäre begeistert von der Sauberkeit meines Kinderwagens. So sauber er auch ist – und er ist jetzt super sauber –, aber das ist eigentlich das Mindeste, keine Sonderleistung.

»In England haben alle billige Kinderwagen«, sage ich ihr.

»Hier haben die deutschen Frauen entweder sehr teure Kinderwagen oder gar keine und tragen das Kind rum, als ob sie betteln gehen wollen.«

Ich lache, obwohl ich eigentlich denke, dass ich das Baby gerne getragen hätte, wenn ich keinen Kaiserschnitt gehabt hätte. Aber wenn deutsche Omis über deutsche Mamas lästern wollen, mache ich immer ganz unsolidarisch mit, nur um Small Talk zu machen. Jacinta, du falsche Schlange. Wir steigen aus der S-Bahn aus, der deutsche Mann sagt »Bye bye« zu uns und Baby Leo schreit »BAY BAY« und ich zeige der Oma, wo der Fahrstuhl ist. Ich hoffe, dass, wenn ich alt bin, die jungen deutschen Frauen auch so heuchlerisch nett zu mir sind wie ich gerade zu dieser Oma.

Als ich nach Hause komme, schläft Baby Leo noch, also google ich die Etymologie von *clean* und *klein* – ja doch, sie sind verwandt. Komisch, dass ich so lange gebraucht habe, um das zu merken. Normalerweise bin ich echt gut in so was. Habe sogar mal geträumt, dass *morgen* von *morrow* kommt, und *hide* (der Balg vom Tier) von *Haut*. Ich merke voll viel bei Wörtern, denke ich, ich merke immer die Gruppen von Wörtern, die zusammenpassen – alles mit st am Anfang bleibt still: stable, steady, still, stagnant, alles mit sl am Anfang ist locker und entspannt: sloppy, slovenly, slimy, slinky, slippery, slither, slow, sleepy. Immer wenn ich eine neue Verbindung zwischen einem deutschen Wort und einem englischen Wort merke, kriege ich so ein schönes Gefühl im Kopf – das Gegenteil von Kopfschmerzen. Ich denke, die Leute, die gut im Putzen sind, bemerken Flecken, wie ich Laute merke, und sortieren gerne Wäsche, so wie ich gerne Wörter sortiere.

Baby Leo fängt an zu weinen, ich hole ihn raus aus dem Kinderwagen und küsse ihn auf seine zarten Wangen.

»Du bist so cleeeeeeeean«, flüstere ich ihm auf Deutsch zu, und er lacht.

»Telly«, sagt er. »Piss?«

Wenn er *piss* sagt, meint er *please*. Diese Wörter sind gar nicht verwandt, er spricht nur schlecht. Trotzdem ist es ziemlich wahrscheinlich, dass er was kriegt, wenn er *piss* sagt.

»Telly?«, sage ich.

»Piss!«, sagt er.

Ich lache. Irgendwie ist es komisch, dass ich gleichzeitig so glücklich und so traurig sein kann.

59 Minuten

Ich würde nie sagen, dass das Leben mit einem Baby langweilig ist, aber manchmal ist das Interessanteste am Tag die Reise zu Kaufland. Und heute hat die Reise zu Kaufland 59 Minuten gedauert.

Das Baby ist jetzt 14 Monate alt. Als der Teenager 14 Monate alt war, war er kein Baby mehr für mich, aber wahrscheinlich bleibt das Baby wegen des Teenagers in meinen Augen für immer ein Baby. Oder? Der Teenager wird morgen 14

Jahre alt. VIERZEHN JAHRE ALT! VIERZEHN!! Eigentlich erwachsen, in Schottland und in *Game of Thrones* darf er heiraten. Ich weiß leider gar nicht, was er jetzt machen darf nach dem deutschen Gesetz. Weil ich so schlecht integriert bin. Wahrscheinlich Pornos mit toten Tieren drin gucken und bei Kommunalwahlen abstimmen. In England dürfte er im Restaurant Wein zum Essen bekommen. Darf er das hier? Keine Ahnung. Habe dem Teenager mal versprochen, dass er mit 14, also direkt an seinem 14. Geburtstag, *Reservoir Dogs* gucken darf, aber jetzt sagt er, Tarantino-Filme sind sowieso Schnee von gestern außer *Django Unchained*, den er schon gesehen hat.

Das Baby, das jetzt kein Baby mehr ist, war damals, als es noch ein echtes Baby war, ein Stillverweigerer. Jetzt ist es ein Kinderwagenverweigerer. Obwohl der Wagen jetzt so sauber ist! Der Rücken hart wie Eisen und krumm vor Widerstand. Keine Chance. Wenn der Teenager und mein Freund beide da sind, können wir ihn in den Kinderwagen zwingen, aber dann bleiben Omas stehen, um zu kontrollieren, ob sie nicht das Jugendamt anrufen sollen, weil es so gewalttätig aussieht. Wenn ich alleine mit dem Baby bin, habe ich die Kinderwagenbenutzung aufgegeben, und wir laufen.

Wir laufen. Wir laufen langsam. Wir laufen und laufen. Wir laufen von der Bäckerei zum Kaufland. Mit Kinderwagen dauert das 6 Minuten, vielleicht 7. Wir laufen. Wir laufen jetzt. Minuten und Minuten und Minuten und Minuten vergehen. Sie vergehen so langsam wie wir laufen. Das Problem ist nicht, dass das Baby besonders langsam läuft. Eigentlich läuft es gut. Eigentlich rennt es toll. Das Problem ist, dass es stehen bleibt.

Das Baby bleibt stehen, um Hunde anzugucken. Ooooh, oooh, sagt er. Ich gucke ihn an, ich kann das verstehen, denke ich. Stell dir vor, du bist ein Baby, neu auf der Welt, alles ist neu, du bist wie ein Alien, der gerade gelandet ist, und du siehst plötzlich einen Hund. Ist das ein kleiner haariger Mensch, denkst du, oder ist das ein laufender Teddybär? Oder halb

Mensch, halb Bär? Ooooh, oooh, sagt das Baby. Ich gucke auf mein Handy, ganz kurz. 20 Minuten laufen wir schon.

Das Baby bleibt stehen, um einen Baum anzufassen.

Ooooh, oooh, sagt es. Ich gucke ihn an, ich kann das doch verstehen, denke ich. Stell dir vor, du bist ein Baby und du siehst einen Baum. Keine Ahnung, was er dabei denkt, aber er will das anfassen. Der Baum fühlt sich wahrscheinlich schön an. Ooooh, oooh, sagt er dabei. »Magst du die Bäume?«, frage ich, vielleicht wird er später Gärtner, denke ich, wenn es noch Gärten geben sollte, wenn er erwachsen ist.

Das Baby bleibt stehen, um eine Straßenlaterne ganz leicht zu streicheln. Ooooh, oooh, sagt er. Ich kann auch das verstehen, denke ich. Stell dir vor, du bist ein Baby und du siehst eine Straßenlaterne. Wahrscheinlich will er prüfen, ob das ein Baum aus Metall ist oder nicht. Ooooh, oooh, sagt das Baby. »Das ist eine Straßenlaterne«, sage ich. »Damit es in der Nacht noch Licht gibt.« Ooooh, oooh, sagt er. Vielleicht wird er doch Elektriker, denke ich.

Das Baby bleibt stehen, um einen Stuhl zu prüfen. Oooh, oooh, sagt er. Dann klettert er drauf und sitzt da wie ein Buddha und macht Winke-winke zu den Obdachlosen. Ich kann es verstehen, denke ich, stell dir vor, du bist ein Baby, und du hast gerade gelernt, wie man auf Stühle klettert. Woher soll er wissen, dass er auf den Stühlen in der Wohnung sitzen soll, aber die auf der Straße ignorieren muss? Oooooh, oooh, sagt das Baby und ab und zu HIIIIIIIIIIII, wenn ein Obdachloser sehr freundlich winkt.

Das Baby bleibt stehen, um alten Müll in den Mund zu stecken. Kleine Stöcke und so, die Packung von einem Lolly.

Ooooh, oooh, sagt er. Ich nehme ihm den Müll aus dem Mund, das Baby schreit mich an, NEIN!, schreit er. NEIN! »Du darfst Müll nicht essen«, sage ich. Das Baby schenkt mir einen Stein. Mein Herz schmilzt vor Liebe, aber ich weiß ganz genau, dass wir nie im Kaufland ankommen werden. Bis wir im Kaufland ankommen, ist die AfD an der Macht. »Ist dieser Stein für mich?«, frage ich. Das Baby sagt nichts zurück. Ich schmeiße den Stein weg, als es gerade nicht zu mir schaut. Ooooh, oooh, sagt das Baby. Es hat wieder Müll gefunden, aber es steckt ihn jetzt nicht in den Mund, sondern versucht, damit zu zeichnen, auf dem Bürgersteig.

Das Baby bleibt stehen, um ein Auto anzulecken. Langsam fange ich an, mein Verständnis für die Aktionen meines Babys zu verlieren. Stell dir vor, du bist ein Baby, du würdest doch kein Auto anlecken, oder, sie sehen doch gar nicht lecker aus? Ist doch bescheuert, dieses Baby. »Leck nicht an Autos!«, sage ich. »Sie sind nicht lecker.« Zwei Hipster laden Pappkisten aus einem Auto, das Baby klettert rein. Sie fragen mich, ob es Süßigkeiten haben darf, ich sage, eigentlich nein, aber kann ich vielleicht eine kriegen, wir laufen jetzt seit 39 Minuten. Ich hole das Baby raus aus dem Auto. Das Baby findet jetzt mehr Müll – einen alten blutigen Tampon, es guckt sich das interessiert an, jetzt kann ich es wieder verstehen, es ist immer so interessant, wenn blutige Tampons den Weg in die Öffentlichkeit finden: Was ist da passiert, in welcher Eile muss man sein, um seinen Tampon auf der Einkaufsstraße zu wechseln? Ich nehme dem Baby den Tampon ab und schmeiße ihn hinter ihm weg.

»Iiiiiiih«, sage ich, und hoffe, dass er später nicht frauenfeindlich wird, weil ich ihm beigebracht habe, dass Menstruationsblut eklig ist.

Mein Telefon klingelt, ich wende meine Augen für drei Sekunden weg vom Baby und dann … IST ES WEG! DAS BABY IST WEG! ICH SCHREIE UND SCHREIE, KALTE KALTE PANIK, WO IST ER, IST ER AUF DER STRASSE? ER IST TOT, WO IST DAS BABY? HAT EIN HUND IHN GEFRESSEN? Die Hipster zeigen mir, dass er sich unter einem Speisekartenaufsteller versteckt hat, und ich hole ihn raus und trage ihn wie schwere Kartoffeln zu Kaufland. Und das war das Interessanteste, was mir heute passiert ist.

Viel seufzen!

Ich sitze mit zwei Freundinnen zusammen – einer deutschen Feministin und einer britischen Zwangsfeministin. »Ich habe mir dieses feministische Leben nicht freiwillig ausgesucht«, hat meine britische Freundin mal gesagt. »Berlin – und Berlins Männer – haben mich dazu gezwungen, Feministin zu werden.«

Wir reden über meinen Freund, der findet, dass ich zu chaotisch bin, und der nicht vorhat, im Haushalt mitzuhelfen. Ich verstehe es einfach nicht.

»Ich verstehe es einfach nicht«, sage ich. »Wenn ich zu Hause bin mit dem Kind, versuche ich, die Wohnung sauber zu halten. Ich mache es nicht gut, aber ich versuche es. Aber er findet, sie ist nicht sauber genug. Ich soll mir mehr Mühe geben. Aber wenn er alleine zu Hause ist mit dem Kind, dann versucht er es gar nicht mal. Er passt *nur* auf das Kind auf. Lässt alles andere liegen. Es ist genauso anstrengend für mich, auf das Kind aufzupassen, wie für ihn. Oder? Aber er ist trotzdem sauer auf mich, dass ich schlecht im Putzen bin. Macht das irgendeinen Sinn? Versteht ihr das?«

»Nee«, sagt meine deutsche Freundin.

»Er findet, ich soll nebenbei putzen. Aber wie denn, wann denn?« Ich seufze.

Die Wahrheit ist, ich versuche es. Stehe jeden Tag auf und mache sofort die Waschmaschine an. Höre Clutterbug-Podcasts oder Dokus über die Tudors, während ich putze. Versuche, nicht nur zu putzen, sondern auch Ordnung zu schaffen. Aber das ist schwer mit einem Kleinkind. Manchmal bist du gerade dabei, die Bücher wieder einzusortieren in ein Bücherregal – und guckst kurz wieder auf von den Büchern, die du gerade sortierst, und da siehst du, das Kind sortiert genauso eifrig wie du die Bücher aus dem nächsten Bücherregal wieder raus. Auf den

Boden. Du guckst das Kind an und seufzt enttäuscht. Das Kind hält mit dir Augenkontakt und lächelt stolz. Es glaubt, dass es mithilft, merkst du plötzlich. Kleinkinder helfen gerne mit im Haushalt. Das ist die gute Nachricht. Ihre Hilfe ist nur nicht sehr hilfreich. Das ist die schlechte.

»Hat er das gesagt?«, fragt meine Freundin. »Dass du schlecht im Putzen bist, hat er das direkt gesagt?«

»Na ja. Er hat gesagt, er fühle sich unwohl in der Wohnung, weil es hier versifft ist. Das Sofa ist versifft, der Balkon. Ich soll weniger kochen und mehr putzen. Aber warum macht er nicht ab und zu selbst sauber?«

»Weil er findet, dass du das machen sollst. Dafür bist du da, denkt er.« Meine deutsche Freundin stöhnt genervt.

»Er sagt, er ist ein Professor und würde deswegen nicht staubsaugen. ›Ich bin ein Professor, ich sage dir eins, ich werde nicht staubsaugen.‹ Ich weiß nicht, was er glaubt, glaubt er, wenn du mit einem Professor zusammen bist, bist du darauf so stolz, dass du im Schlaf staubsaugen kannst? Ist es nicht genauso schwer für mich zu staubsaugen wie für ihn? Ich versuche, das alles hinzukriegen, aber ich bin fast immer ganz alleine mit dem Baby und ich habe oft andere Sachen zu tun, die wichtiger sind. Warum versteht er das nicht? Warum tut er so, als ob ich Putzmittel kacken würde und nur ohne Höschen rumlaufen und alles mit meinem eigenen Durchfall zuspritzen müsste – und dann wäre die Wohnung sauber? Warum denkt er, für mich sei es so leicht zu putzen, aber für ihn so schwer?«

»Er denkt nicht, dass es zu schwer ist für ihn«, sagt meine deutsche Freundin. »Er denkt, er ist zu gut zum Putzen. Ey, Jacinta, ich bin gerade so deprimiert. Du bist *Missy*-Feministin! Wenn *du* es nicht hinkriegst, dass ein Mann 50% im Haushalt macht, dann sind wir alle am Arsch.«

»Wenn du ihn glücklich machen willst, erwartest du nicht mehr, dass er mithilft«, sagt meine britische Freundin jetzt. »Steh früher auf. Putze, wenn er ins Bett gegangen ist. Wann stehst du auf?«

»Um sieben«, sage ich.

»Dann steh um sechs auf. Putze jeden Vormittag zwei Stunden und jeden Abend zwei Stunden. Hör auf, ihn aus ideologischen Ideen von Gleichheit und so weiter zum Putzen zwingen zu wollen.«

»Es sind keine ideologischen Gründe«, sage ich, »sondern die Zeit reicht einfach nicht dafür, dass eine Person alles macht und es sauber wird.«

»Euer Streit geht nicht ums Putzen«, sagt die Britin. »Das Putzen ist nur symbolisch. Es ist eine Metapher.«

Ich weiß nicht. Wenn eine Person früher aufstehen muss, um zu putzen, während der andere weiterschläft, fühlt es sich, ehrlich gesagt, nicht sehr metaphorisch an. Es fühlt sich einfach tatsächlich erschöpfend an.

»Er hat ganz klar gesagt, er ist nicht bereit, Hausarbeit zu machen«, sagt sie. »Hör auf ihn – sonst verlierst du ihn!«

Ich seufze. Die Wahrheit ist, ich, Jacinta Nandi, die *Missy*-Feministin, habe schon längst aufgegeben zu hoffen, mein Partner würde 50% im Haushalt mitmachen. 40% wäre schön, sogar 30% wäre besser als jetzt. Ich habe das aufgegeben. Ich will nur, dass er nicht sauer ist auf mich, weil ich nicht gut genug mache, was er selbst gar nicht macht! Ist das zu viel verlangt? Offensichtlich ja.

»Ich erwarte schon jetzt kaum was«, sage ich, »Manchmal geht er einkaufen, und sogar dann packe ich die Sachen weg und bedanke mich so, als ob er mir goldenen Schmuck aus dem Urlaub mitgebracht hätte.«

Wahrscheinlich, denke ich, ist es leichter, alleinerziehend zu sein, als meinen Freund zu überreden, im Haushalt mitzuhelfen.

Der Staubsauger

Ich habe ein neues Programm, mit dem ich es schaffen werde, dass mein Freund mich nicht mehr zusammenscheißt wegen dem Putzen (oder besser gesagt, wegen dem Nicht-Putzen oder Schlecht-Putzen). Ich habe was von Clutterbug geklaut. Clutterbug ist toll – sie ist Marie Kondo für Schlampen. Sie hat es von irgendeinem Typen geklaut. Es heißt Miracle Morning Routine.

5.00 Uhr: aufstehen, L-Thyroxin nehmen (Scheiß-Schilddrüse)
5.05 Uhr: Tagebuch schreiben
5.35 Uhr: Meditieren
6.00 Uhr: Fitness
6.20 Uhr: Ryan wecken
6.21 Uhr: Speedcleaning

Zwischen 6.21 und 7 Uhr früh speedcleane ich die ganze Wohnung (dort, wo niemand schläft). Nachdem ich Baby Leo um 7 Uhr geweckt habe, stelle ich die Waschmaschine an. Wenn Baby Leo wieder schläft, speedcleane ich den ganzen Rest der Wohnung – nur 30 Minuten lang! Und schalte noch eine Waschmaschine an. Und jeden Tag, während Baby Leo sich mit Spielen oder Büchern oder so was beschäftigt, werde ich einen anderen Bereich der Wohnung deepcleanen:

MONTAG: Küche
DIENSTAG: Badezimmer
MITTWOCH: Flur
DONNERSTAG: Wohnzimmer
FREITAG: Schlafzimmer
SAMSTAG: Kinderzimmer
SONNTAG: Ruhetag

Manchmal mache ich mir Sorgen, ob ich nicht eigentlich mitten in einem Nervenzusammenbruch bin, dies aber ignoriere, indem ich ständig bei neuen Programmen mitmache, die mein Leben retten sollen. Aber ich brauche ein neues Programm. Mein Freund will nicht helfen, Ryan hilft nur mäßig, mein Freund hat nicht vor, für Helpling zu bezahlen, denn er ist unter der Woche nicht hier.

Die Wahrheit ist: Ich bin nicht die Art Feministin, die so feministisch ist, dass sie aus Prinzip nicht putzt, weil sie eine gleichberechtigte Beziehung haben will, weil sie denkt, dass Frauen und Männer gleichberechtigt sein sollen. Ich bin die Art Feministin, die, wenn sie reich wäre, tausende Menschen von Helpling bezahlen würde, eine Armee von Helpling-Arbeiter*innen, und die nie, nie, nie darüber streiten würde, wer die Waschmaschine ausräumt oder die Spülmaschine anmacht. Ich bin eine schlechte Feministin. Das Problem ist, dass ich keine Kohle habe, und dass ich eine noch schlechtere Hausfrau bin als Feministin. Das ist mein fucking Problem jetzt.

Aber es ist alles nicht so schlimm. Ich schaffe das, wir schaffen das. Ich schaffe das. Ich werde das schon irgendwie schaffen. Ich muss das schaffen. Ich werde das hinkriegen. Ich kann es hinkriegen. Ich schaffe das. Ich schaffe das. Ich schaffe das schon.

Abends, Donnerstagabend, Thomas ist früh da, überraschend früh, weil es keine Vorlesungen gab. Ich habe es nicht geschafft, tagsüber zu staubsaugen, und will das jetzt machen, aber irgendwie saugt der Staubsauger nicht.

»Dieser Staubsauger ist kaputt«, sage ich. »Der saugt nicht mehr.«

»Du machst das extra jetzt, damit ich nicht ungestört Fernsehen gucken kann, oder?«, fragt er. »Warum kannst du nicht tagsüber staubsaugen? Jetzt könntest du, ich weiß nicht, wie wäre es mit – Wäsche falten?«

Ich starre ihn an und versuche, nicht zu weinen.

»Warum machst du das alles nicht, wenn ich auf der Arbeit bin?«, fragt er.

»Du weißt, dass ich immer Baby Leo habe«, sage ich. »Ich schaffe das nicht.«

»Lass mich den Staubsauger anschauen!«, bellt er.

Als er beim Staubsaugeranschauen merkt, dass dieser deswegen nicht funktioniert, weil ich vergessen habe, eine neue Tüte reinzulegen, schreit er mich so laut an, dass ich tatsächlich heule.

»Ich komme einfach nicht klar mit deiner Inkompetenz!«, schreit er. »Es geht so nicht weiter! Wenn ich mich um etwas nicht kümmere, wird es einfach nicht gemacht! Nichts funktioniert in dieser Scheißwohnung! Du bist total inkompetent, weißt du das? Warum kannst du nicht selbst reingucken in die Scheißmaschine und dich selbst um irgendetwas kümmern?«

Ich heule nur – heule und heule.

Die eine Hälfte von mir heult deswegen, weil er so unfair ist, weil es so unfair ist – ich bin heute um fünf aufgestanden, um zu putzen, wann soll ich denn aufstehen? Um vier? Aber die andere Hälfte von mir heult – nee, vielleicht ist es mehr als die Hälfte, vielleicht sind es 51%, oder sogar 52%, so wie beim Brexit, die Leavers, so viel – ein kleines bisschen mehr als die Hälfte heult, weil ich weiß, dass das absolut inakzeptabel ist. Wie kann ich vergessen haben, eine neue Tüte reinzutun? Und wo zur Hölle bewahren wir diese Scheißtüten auf? Und was wird er erst sagen, wenn er checkt, dass ich das nicht weiß?

»Ich beschäftige mich nicht mehr mit deinem Kram!«, sagt er. »Komm bitte selbst damit klar. Bitte. Ich arbeite außerhalb der Wohnung – du arbeitest innerhalb der Wohnung. Ich mache meine Arbeit ganz okay, ich erwarte von dir, dass du es hinkriegst, Tüten in einen Staubsauger reinzulegen. Ist das zu viel verlangt?«

Ich höre auf zu heulen. Ist der bescheuert oder was? Ist er tatsächlich bescheuert? Ich arbeite innerhalb der Wohnung, er arbeitet außerhalb der Wohnung, was denkt er sich denn? Warum holt er nicht einfach ein Au-Pair-Mädchen statt einer Partnerin? Aber ich sage nichts, ich sage nur: »Ich wische die Küche, dann gehe ich ins Bett.«

Ryan kommt aus seinem Zimmer und flüstert mir zu: »Schon wieder Streit?« Ich nicke. »So kindisch von dir, Mama, zu glauben, du wärst verliebt.« Ich nicke noch mal.

Am nächsten Tag, als ich um fünf Uhr aufstehe, sehe ich zwei Dinge – nee, drei Dinge. Einen Müllberg beim Sofa. Einen Geschirrberg auf dem Küchentisch. UND ROT. Ich wecke meinen Freund – und schreie ihn an.

»DAS GEHT NICHT!!!«, schreie ich. »DAS GEHT NICHT! Nichts, was ich tue, ist gut genug, ich bin inkompetent, und du kommst hierher und lässt deinen Müll AUF DEM BODEN!?!? Du wirst jetzt aufstehen und das wegräumen, und zwar sofort!«

Aus irgendeinem Grund steht er auf, mit Augen voller kaltem Hass, räumt die Sachen schweigend weg und dann spuckt er: »Ich werde zwei mal pro Monat jemanden von Helpling bezahlen, dass sie hierherkommen und das tun, was du nicht schaffst. Und jetzt gehe ich zurück ins Bett. Kapiert?«

Ich fange an zu meditieren, aber ich bin, ehrlich gesagt, nicht super gut darin. Ich habe zu viele andere Gedanken. Irgendwie.

Atme tief ein und spüre, wie die Luft deine Lungen erfüllt …

Ich denke an Ross und Rachel aus *Friends*, er war Professor, Wissenschaftler, wie mein Freund, und hat Rachel eigentlich gehasst, genauso wie mein Freund mich hasst. Oh mein Gott, wir sind Ross und Rachel, keine Ahnung, warum die zwei als großes Liebespaar gelten, er mochte sie gar nicht …

Atme tief ein und lasse diese tiefe Atmung über deinen ganzen Körper schwimmen.

Ob sie noch zusammen sind? Seitdem sie nicht nach Paris ging…

Rein in den Bauch –

Er hat sie nie respektiert.

– und raus durch die Nase –

Er hat sie nur deswegen gemocht, weil sie hübsch war, aber gar nicht respektiert, und nie geliebt, und eigentlich dafür gehasst, dass sie hübsch war, oder?

– und lasse alle negativen Energien raus aus deinem Körper, dein Körper ist befreit…

Ross hat sie gehasst, weil sie nicht gut genug war für ihn, genau wie er dich hasst.

Er hasst alles an dir – *was* du bist, *wie* du bist, und auch was du repräsentierst.

Das Einzige, was er an dir mag, ist, dass du hübsch bist, und er denkt, deswegen werden andere Männer ihn respektieren, weil er eine hübsche Frau hat.

Und jetzt, weil du dick bist, seit Leo geboren ist, gibt's gar nichts mehr, was er an dir mag, und deswegen macht er dich so kaputt. Oder?

Atme tief ein, fühle, wie frische Luft deinen Bauch füllt –

Du wirst ihm nie beweisen, dass du gut genug bist, weil er dich als Mensch hasst.

– spüre, wie jede Zelle deines Körpers mit neuer Energie wiederbelebt wird…

BABY LEO IST WACH!

Miracle Morning Routine total im Arsch.

»Om!«, sagt Baby Leo. Ich weiß nicht, was er damit meint? Komm? Vielleicht.

»Gib mir einen Kuss!«, sage ich. War das consensual genug, frage ich mich panisch, aber der Kuss fühlt sich voll consensual an, sein Rotz füllt mein Gesicht, positive Energie füllt meinen Körper.

»Wir müssen deinen Bruder wecken«, sage ich zu ihm. Er nickt, als ob er mich verstehen würde. Vielleicht, denke ich, sollte ich, nachdem Ryan zur Schule gegangen ist, extra den Flur saugen, so dass mein Freund nicht schlafen kann? Nee, nee. So viel Hass auf ihn spüre ich gar nicht – noch nicht – und außerdem habe ich wirklich keine Ahnung, wo die Scheiß-Staubsaugertüten sind. Und: Wenn er gerade schläft, kann er sich nicht beschweren. Nee.

Wie ich meinen Feminismus outgesourct habe

Als mein Freund neulich sagte, er würde für Helpling zahlen, war das wahrscheinlich der schönste Tag meines Lebens, nach den Geburten der Kinder.

»Woher kommt denn deine Helpling-Putzfrau?«, fragt mich ein deutscher Kumpel, dessen heimlicher Spitzname Pegida-Kevin ist und der wirklich ab und zu ziemlich antifeministische Thesen vertritt.

»Aus Chile«, sage ich. »Ist ein Mann, übrigens.«

»Und du findest das okay? Jemanden aus der Dritten Welt für so was zu bezahlen?«

»Ist Chile in der Dritten Welt?«, frage ich. Ich versuche gar nicht, klug oder lustig zu sein, ich bin mir wirklich unsicher.

»Das ist so typischer weißer Feminismus von dir!«, sagt mein Kumpel. Es ist übrigens das erste Mal, dass ich höre, wie Pegida-Kevin das Wort »*weiß*« in einem negativen Kontext benutzt. »Die Unterdrückung outsourcen! Du arbeitest nicht mal wirklich wieder, aber ihr bezahlt trotzdem jemanden, der aus ’nem armen Land kommt, um die Arbeit zu machen, die du nicht machen willst.«

Ich bin jetzt ein bisschen überrascht. Ich finde Kritik am *weißen* Feminismus echt gut und richtig und wichtig und so, aber ich habe gerade das Gefühl, dass »*weiß*« hier als Alibiwort für ein ganz normales Feminismus-Bashing benutzt wird. Es kommt mir so vor, als würde hier frauenfeindliche Kackscheiße durch die *weiße* Hautfarbe irgendwelcher imaginärer Feministinnen gerechtfertigt. Aber vielleicht bin ich gerade zu dumm.

»Schämst du dich nicht?«, fragt mich Kevin.

»Warum soll ich mich schämen?«, frage ich.

»Weil andere Frauen sich das nicht leisten können, vielleicht?«, sagt er.

Hmmmm. Es stimmt, aber es gibt viele andere Frauen auf der Welt, die es sich nicht leisten können, was zu essen, und trotzdem fühle ich mich nicht antifeministisch, wenn ich was esse. Es gibt viele Frauen in England, viele Verwandte von mir, die es sich nicht leisten können, ihre Kinder zur Kita zu schicken, aber ich melde meinen kleinen Sohn trotzdem bei jeder Kita im Bezirk an. Und was ich nicht verstehe: Warum sollte ich als Feministin mich schämen, weil jemand für das Putzen in meiner Wohnung bezahlt wird, mein Freund sich aber nicht? Warum ist Putzen *mein* Aufgabengebiet, nur weil ich eine Frau bin? Ich glaube, ich weiß warum, und die Antwort ist antifeministisch, nicht antirassistisch.

»Ich putze nicht gerne«, sage ich zu Pegida-Kevin. »Das gebe ich zu. Ich finde es langweilig und anstrengend. Ich finde, es sollte bezahlt werden. Ich finde okay, wenn es bezahlt wird. Denn es ist so anstrengend und nervig.«

Ich glaube, dass Männer in Partnerschaften zu Hause mehr machen müssen als Singles. Mit den Kindern, in der Küche. Klar. Sie sollen mitten in der Familie sein, nicht am Rande. Nur so kann es jemals eine wahre Gleichberechtigung geben. Aber ich finde das Putzen schwer und ich finde es völlig in Ordnung, wenn diese Arbeit bezahlt wird, diese harte körperliche Arbeit sollte mit Geld kompensiert werden. Ich finde nicht, dass das ein Outsourcing der Unterdrückung ist. Vielleicht ist es einfach eine gerechte Anerkennung für eine harte Arbeit.

»Ich putze, bevor der Putzmann kommt«, sage ich. »Ich mache das Schlimmste weg. Sonst ist es mir zu peinlich.«

Es ist schon lustig, irgendwie. Eine schmutzige Wohnung ist immer nur peinlich für die Frau, nicht für den Mann. Und Männer, die gar nicht putzen, sind bessere Feministen als Frauen, die vor der Putzmann-Ankunft putzen. Irgendwas stimmt nicht. Irgendwann mal werde ich verstehen, was genau.

Mental Load

»Hast du den Comic gesehen, den alle gepostet haben?«, fragt meine woke deutsche Freundin.

»Mit der Mental Load?«

»Ja.«

»Ja.«

»Musste an dich denken, irgendwie.«*

Die Wahrheit ist, seitdem mein ältester Sohn eine ADHS-Diagnose hat, glaube ich, dass ich auch diese Krankheit habe und sie bei mir nur nie diagnostiziert wurde. Mein Sohn lacht mich aus und sagt, ich kann ihn auch nichts alleine genießen lassen, ich will bei allem teilhaben – aber die Wahrheit ist, dass ich mich erkenne in den Büchern, die ich gelesen habe, um meinem Sohn zu helfen.

Die Wahrheit ist, dass mein Freund mir manchmal fast leidtut.

Versteht mich nicht falsch: Es ist nicht okay, wie viel ich arbeiten muss und wie wenig er tut, nur weil er viel verdient und ich kaum was. Er schläft bis 12 oder 13 Uhr, ich bin wach seit

* https://english.emmaclit.com/2017/05/20/you-shouldve-asked/, abgerufen am 26.06.20

6 oder 7 Uhr, seit einiger Zeit sogar seit 5 Uhr. Dann steht er mittags auf – ich habe schon Frühstück gemacht, wir waren schon einkaufen, wir waren schon auf dem Spielplatz, und er hat die ganze Zeit geschlafen – dann steht er also auf und sagt, dass ich besser hätte putzen sollen. Ich finde das einfach unfair, und wenn es wirklich so ist, dass ich so schlecht geputzt habe, dann hätte er aufstehen sollen und mir die Zeit geben zum Putzen. Ich finde, *nichts* kann das rechtfertigen, nicht wenn er Millionär wäre und ich total pleite, nichts kann rechtfertigen, dass er ausschlafen darf und ich nicht und dass ich auch noch für das kritisiert werde, was passiert, während er schläft. Aber na ja, er sieht das anders, und das ist unser Problem.

Ich leide körperlich unter seinem Überlegenheitskomplex. Und ich finde es nicht okay.

Aber ich glaube, wenn ich ehrlich bin, dass ich undiagnostiziertes ADHS habe und es nicht immer superleicht ist, mit mir zusammenzuleben. Wenn ich ehrlich bin.

Neulich habe ich eine alte Damenbinde gefunden, voller Blut, nicht superalt, aber alt genug, auf dem Boden im Badezimmer hinter dem Mülleimer. Oops. Ich bin schmutzig. Ich bin schwierig. Es gibt Sachen, die andere Frauen immer tun, die ich einfach vergesse. Ich denke nie an die Geburtstage der Kinder in der Familie meines Freundes. Ich plane nicht, wer den Müll runterbringen soll. Ich treffe keine Entscheidungen über die Bettwäsche. Ich merke nicht, ob die Kissenbezüge für die Kopfkissen zu den Bezügen der Decken passen. Und manchmal schlafe ich ein paar Nächte ohne Bezüge. Warum nicht.

Als ich schwanger war, sagte mein Freund mal: »Bring mir den besten Wischmopp!« Ich brachte ihm den Mopp und er bellte mir voll genervt ins Gesicht: »ICH MEINTE DEN BESTEN WISCHMOPP, DAS HIER IST DER ZWEITBESTE WISCHMOPP!«

Mit eiskalter Stimme fragte er ungeduldig: »Kennst du den Unterschied nicht?«

Ich habe ihm die Wahrheit nicht sagen können: Bis zu diesem Zeitpunkt wusste ich gar nicht, dass wir überhaupt zwei Wischmopps hatten.

Ich weiß nicht warum – vielleicht ist es ADHS, vielleicht nicht –, aber ich mache einfach nicht mit bei der Mental Load. Ich glaube, dass ich das einfach nicht kann. Aber vielleicht ist die Wahrheit, dass ich das auch einfach nicht möchte. Es verursacht viele Probleme in meinem Zusammenleben mit Männern. Die Männer wollen eigentlich, glaube ich, dass man ihnen sagt, wo der beste Wischmopp sich gerade befindet. Ich glaube, mein Freund will das. Er will eine Frau haben, die sich auskennt mit Wischmopps und Staubsaugern und Wischmoppen und Staubsaugen. Stattdessen hat er mich: total nutzlos. Und er ist genauso unglücklich wie ich.

Die Hausfrau und die Sexarbeiterin

Auf den ersten Blick sind die Hausfrau und die Sexarbeiterin Gegensätze.

Hier die Hausfrau:

Haar versteckt in einem altmodischen, nicht-muslimischen Kopftuch. Unvorteilhafter Rock, dicke Würstchenbeine wie die Mama in *The Tiger Who Came to Tea*. Dicker Po, dicker Bauch, dicker Hals und Schilddrüsenprobleme.

Hier die Sexarbeiterin:

Lange Beine, schmale Hüften, lockige Haare, Eyeliner, Lippenstift. Keine Schilddrüsenprobleme, aber komische, schlimme, verdächtige blaue Flecken am Hals. Sexy. Gefährlich.

Wer wird mehr, wer wird weniger respektiert in unserer Gesellschaft?

Die Hausfrau hat einen Status. Sie gehört jemandem –

einem Mann, der es sich leisten kann, dass sie nicht arbeiten gehen muss. Er leistet sich diese Frau, die nicht arbeiten geht – aber sie bezahlt dafür mit ihrer Freiheit. Denn dafür, dass sie nicht arbeiten gehen muss, muss sie beim Arbeiten *bleiben*, und zwar für immer. Von dem Moment, wenn sie am Morgen aufsteht, von den ersten Sekunden des Tages an, von den ersten Atemzügen an – ist sie immer am Arbeiten: kochen, holen, bringen, putzen, bügeln, abstauben, saugen, spielen, trösten, singen, backen, einkaufen, abwaschen, Glasreiniger sprühen, wischen, sortieren. Es gibt manchmal eine Aufgabe in der Wohnung, die sie nicht machen muss – den Müll runterbringen, zum Beispiel –, und dadurch kann der Ehemann sein schlechtes Gewissen darüber, wie viel sie und wie wenig er macht, beruhigen – FALLS er so was verspürt.

Die Hausfrau wird als Symbol respektiert, aber nicht als Mensch. Sie wird als die Frau, als Sklavin, als Gegenstand respektiert. Bei dem Spruch »Hausarbeit ist eigentlich Sexarbeit!« sind es angeblich die Hausfrauen, die beleidigt werden, oder? Sie werden zu unbezahlten Sexarbeiterinnen runtergestuft, die Vorstellung dabei ist, dass es schlimmer ist, Sexarbeiterin zu sein, als Hausfrau. Denn die Hausfrau hat einen Mann, dem sie gehört – die Sexarbeiterin gehört niemandem (und vielleicht denken wir deswegen, sie gehört allen Männern und ist deswegen so eklig?).

Ich finde es sehr leicht, besonders hier in Deutschland, wo die Sexarbeiterinnen wirklich oft zu wenig verdienen, paternalistisch – oder vielleicht maternalistisch – zu werden und in alte bequeme Denkweisen zu verfallen: Sexarbeit ist das Schrecklichste, was einer Frau passieren kann. Wer die Mädchen in der Kurfürstenstraße sieht, könnte leicht denken, dass Sexarbeit in Deutschland immer nur auf Ausbeutung oder Unterdrückung oder sogar Vergewaltigung basiert. Ich möchte diese Denkweise vermeiden, denn ich habe durchaus Freundinnen, oft privilegierte Freundinnen, die wie Meghan Markle leben möchten, die nicht nur surviven, sondern auch thriven mit dieser Arbeit (allerdings Teilzeit und nicht hauptberuflich). Trotzdem bin ich 100%ig dafür, dass Flatrate-Puffs verboten werden sollten, um Menschenhandel zu verhindern, und dass man eine Mindestgage von 60 Euro pro Blowjob oder halbe Stunde festsetzen sollte.

In meinem Heimatland, dem Vereinigten Königreich, und in meinem Wahlheimatland, Deutschland, ist Vergewaltigung in der Ehe erst in den 90ern als Vergewaltigung gesehen worden, in England und Wales ist sie 1991 als Verbrechen eingestuft worden, in Deutschland 1997. Und noch letztes Jahr, 2019, sagte ein britischer Richter: »I can't think of any more obviously fundamental human right than the right of a man to have sex with his wife.«

Die Worte des Richters beweisen, dass Vergewaltigung in der Ehe in den Augen vieler Männer immer noch nicht als Vergewaltigung gesehen wird.

Im Grunde genommen kann man sich als Hausfrau schnell so fühlen, als ob das eigene Leben ein Flatrate-Puff, als ob das ganze Leben ein Gefängnis wäre. Dein Körper arbeitet nonstop, dein Körper bezahlt. Dein Mann fickt dich, wenn er will – wenn du gerade fertig bist mit Bügeln, vielleicht. Auf die Idee, dass du Bock auf Sex haben könntest, kommt niemand, du auf jeden Fall nicht. Denn eine Hausfrau ist die Frau eines Hauses, verheiratet mit dem Haus, gebunden an die Ehe, versklavt per Hausarbeit. *Chained to the kitchen sink*, sagen die Briten, voll BDSM-mäßig. Dein Mann fickt dich, wenn er Bock hat – wie könntest du Bock haben? Du bist nur ein Körper.

Ich glaube echt nicht, dass jede Sexarbeiterin in Deutschland eine Sexsklavin ist, der Reisepass vom Zuhälter konfisziert, blaue Flecken am Hals, süchtig nach Meth. Aber es wäre auch verlogen zu glauben, dass jede Sexarbeiterin eine privilegierte, freischaffende, frei aussuchende sexpositive Hobbyhure ist. Ich glaube auch nicht, dass jede Hausfrau eine ausgebeutete, unterdrückte, erschöpfte, oft geschlagene Fast-Tote ist. Aber die glückliche, selbstzufriedene Latte-Macchiato-Mama? Nicht jede Hausfrau ist unterdrückt, aber auch nicht jede Hausfrau ist glücklich.

Und das, was die Hausfrau und die Sexarbeiterin vereint, ist das Geld der Männer. Das Geld, die Macht.

Was ich mir manchmal vorstelle: eine Welt, in der Frauen Geld hätten. Eine Welt zum Beispiel, in der es das bedingungslose Grundeinkommen gäbe, oder vielleicht eine Kindergeldsumme, von der man wirklich leben könnte. Oder noch schöner: eine Welt, in der Männer Geld nicht anfassen dürften. Immer, wenn sie was brauchen, müssten sie zu uns Frauen kommen und uns anbetteln, dass wir das für sie kaufen.

In dieser Welt gäbe es immer noch Hausfrauen und Sexarbeiterinnen, da bin ich mir sicher – aber sie wären tatsächlich glücklich. Denn sie wären tatsächlich frei.

Geld ist das Werkzeug, mit dem Männer Frauen zu Sklavinnen machen. Hausarbeit und Sexarbeit können nur durch das Geld der Männer zu Gefängnissen werden, zu Gefängnissen, in denen man sterben kann – und zwar ohne Rente.

Ausschlafen können

Heute: Streit mit meinem Freund. Der nicht nur findet, dass er ausschlafen können sollte, sondern auch, dass er ausschlafen können sollte, während ich leise die Wohnung putze.

»Warum stehst du nicht auf, bringst Leo zum Spielplatz, und ich putze, während ihr weg seid«, schlage ich geduldig vor. »IST DIR KLAR, DASS ICH WÄHREND DER WOCHE NIE AUSSCHLAFE?«, schreit er und sieht dabei aus wie ein Fischweib. Ich schnaube: »Ist. Dir. Klar. Dass. Ich. Seit. Leos. Geburt. Genau. Drei. Mal. Ausgeschlafen. Habe??« Ich bin kaltwütend, ich flüstere: »Und wenn ich ›ausschlafen‹ sage, meine ich bis acht Uhr.«

Nächste Woche wird Leo zwei und wir haben immer noch keinen Kitaplatz. Meine einzigen Pausen am Tag kommen, wenn er schläft oder wenn ich Peppa Pig anschalte. Und wenn ich Pausen sage, meine ich Zeit zum Kochen, Putzen oder um Wäsche zu sortieren. Und nicht Zeit für mich, Zeit für mich und MEINE Bedürfnisse. Zeit für mich alleine, um für mich da zu sein, Zeit für mich, um mich auf mich zu konzentrieren. Badezimmer putzen. Wäsche an. Freizeit genießen.

Ich bin in einer Facebook-Gruppe für entspannte aber effiziente Hausfrauen, CALM THE CHAOS AND MASTER MOTHERHOOD heißt die. Und einer der Top-Tipps ist, dass man den Mittagsschlaf und Peppa-Pig-Bildschirmzeit als Pause zum Putzen nutzen soll – aber diese Putzpause kann man wiederum nutzen, um zu meditieren. Beim Abwaschen zum Beispiel sollst du so lange in die Spülmittelblasen starren, bis dein Gehirn richtig leer wird. Du sollst nie einen Podcast dabei hören, sonst wird dein Gehirn nicht leer. Manchmal starre ich die Blasen an und versuche, mein Gehirn leerzumachen, und will dabei heulen. Ist mein Gehirn leer oder nur mein Leben?, denke ich mir.

Ab und zu bin ich so k.o., dass ich Peppa Pig mitanschaue. Falls ihr Peppa Pig noch nicht kennt, habt ihr Glück. Sie ist eine verwöhnte kleine Schweinefotze, und heute kommt sie mir besonders unerträglich vor.

DADDY, ruft sie, DADDY, ICH WILL EIS, DADDY DADDY, EIS WILL ICH!

Ho ho ho, sagt Daddy Pig. Es ist zu früh für Eis, Peppa. Es ist fünf Uhr früh. Aber du kannst Cornflakes haben.

Daddy, sagt Peppa Pig. Darf ich Cornflakes mit Eis drauf haben?

Ho ho ho, sagt Daddy Pig, okay, Peppa, das ist eine gute Idee! Und mit Streuseln!

Dieser Papa ist krank, sage ich zu Baby Leo. Warum wird er nie wütend? Was ist los mit ihm?

DADDY, ruft Peppa, DADDY, ich will auf deinem dicken Bauch hüpfen, als ob er ein Trampolin wäre.

Ho ho ho, sagt Daddy Pig nur. Ich gucke ihn genauer an, er hat so eine Hipsterbrille, aber ich denke, dass er zu alt ist, um noch ein richtiger Hipster zu sein. Ich hasse ihn, denke ich. Aber … ich wünschte, er wäre mein Ehemann.

»Ich glaube, der Papa von Peppa ist viel älter als die Mama«, erkläre ich Leo. »Er ist so fünfzig, und sie so Ende zwanzig, Anfang dreißig. Bis Peppa kam, dachte er immer, dass er keine Kinder kriegen könnte. Deswegen sagt er immer Ho ho ho.«

Leo sagt nichts, starrt nur fasziniert meinen Laptop an. Ich sage: »Vielleicht war Mama Pig seine Lieblingssexarbeiterin im Puff und sie haben sich einfach verliebt, so wie bei Christian Wulff damals.« Leo sagt nichts. Ich gucke weg vom Laptop und schaue auf den Boden. Bald wird mein Freund von seinem Treffen nach Hause kommen und bis dahin muss ich den Boden gewischt haben. Denn anders als Peppa Pigs Papa sagt mein Freund nicht oft Ho ho ho.

Revolution

Revolutionärer neuer Lippenstift, entwickelt von revolutionären Wissenschaftlern in revolutionären Techniklaboren, dieser Lippenstift ist so revolutionär, wenn du diesen Lippenstift trägst, werden alle denken, deine Lippen sind von Natur aus knallrot.

Revolutionärer Mascara, der mit revolutionärer Technik jede einzelne Wimper so dick und schwer macht wie Blei, wenn du diesen Mascara nicht trägst, läufst du rum wie ein Albino.

Revolutionäre Windeln: Guck mal! Es gibt revolutionäre Perlen darin, die die Nässe in der Windel weghalten von der zarten Haut des Babypopos, wenn du diese Windeln kaufst, kann die Nässe nie dein Baby angreifen, es wird nie wissen, was Nass-Sein überhaupt bedeutet.

Revolutionäre Feuchttücher – und so billig auch – mit denen kann man die Küche putzen und nachher gibt es keine Bakterien oder Keime mehr dort, leck den Boden ab, um es zu beweisen, schmeckt der nicht gut, der keimfreie Boden? Irgendwie schmeckt er wie Zitronensaft.

Revolutionäre Diätpillen, revolutionärer Joghurt, revolutionäre Baby-DVDs, revolutionäres Schlaftrainingbuch, revolutionäres Gesichtspeeling. Meine Wohnung, mein Leben, gefüllt mit Revolution.

Ich watschele in die Küche und stelle das Baby auf den Boden. Gucke mir die Küche an. Gestern Nacht habe ich nicht abgewaschen oder sonst sauber gemacht, weil ich schreiben wollte, stattdessen habe ich in Facebook-Mums-Life-Gruppen versucht, so viel wie möglich über David Beckham und diese Grundschullehrerin rauszufinden. Mein Freund ist heute schon um 5.48 Uhr zur Arbeit gefahren, ich kann nicht wirklich neidisch sein, ich starre auf einen Teller alte Spaghetti mit Tomatensoße, ich nicke, ich atme ein, ich sage zum Baby: »Mama muss erstmal ganz kurz den Tisch abwischen und die alten Teller abwaschen und dann deinen Stuhl ein bisschen saubermachen und dann gebe ich dir deinen leckeren Brei, ne.« Und dann fange ich an zu heulen. Das Baby guckt mich verwirrt an. »Es hört einfach nie auf«, flüstere ich ihm zu. So viel revolutionäre Technik in meinem Leben und meiner Wohnung und trotzdem stehe ich hier in derselben Kacke wie meine Mama und meine Großmama und niemand ist schuld und mein einziger Trost ist die revolutionäre Perle, die Wissenschaftler ständig entwickeln. Ohne die weiß ich nicht, was aus mir würde.

Parenting Book Club

Ich bin in einem Facebook Parenting Book Club mit Frauen, die bessere Eltern und Partnerinnen sein wollen. Die Frauen kommen überwiegend aus den USA oder Kanada, aber zwei leben in Deutschland, eine ist eine Engländerin in der Schweiz und es gibt eine, die aus Indien kommt und in Singapur lebt. Wir sollen uns als Eltern und Partnerinnen verbessern, und deswegen lesen wir jede Woche ein neues Kapitel eines Selbsthilfebuchs und dann, am Dienstag, besprechen wir es bei Facebook. Die Leiterin der Gruppe spricht per Live-Video über ihre Meinung zu dem Kapitel und dann schreiben wir Mamas alle unsere Meinungen drunter.

Im Moment lesen wir Byron Katie: *Loving What Is*. Ich glaube, ich habe das Buch falsch verstanden – was vielleicht damit zusammenhängt, dass ich es nicht gelesen habe (stattdessen habe ich mir beim Abwaschen YouTube-Videos von Byron Katie angeschaut). Aber ich glaube trotzdem, ich muss irgendwas falsch verstehen.

Byron Katie hat »The Work« erfunden: Wenn du negative Gedanken hast, musst du zuerst The Work machen! *The Work*. Also, zum Beispiel, stell dir vor, du bist traurig, vielleicht weil du gekocht hast und dein Mann jetzt auf dem Sofa sitzt – na ja, wahrscheinlich liegt er – und Sport guckt. Du musst alleine abwaschen, obwohl du doch schon gekocht hast.

»Ich bin wütend auf ihn«, denkst du, ganz unreflektiert und so, ne, »weil er rumliegt auf dem Sofa wie ein Penner und ich ackere wie eine …« Neulich hast du gelesen, dass es behindertenfeindlich ist, Idiot oder Idiotin zu sagen. Also sagst du zu dir im Kopf: »Wie eine doofe Fotze!«

STOPP! Halt, bitte! Jetzt setzt du THE WORK an.

Erstmal musst du ehrlich überlegen: Warum bist du so wütend?

»Weil er denkt, dass er sich entspannen darf, dass ich mich aber nie entspannen muss! Weil er viel Geld verdient und ich wenig, denkt er, dass er zu Hause immer Feierabend hat, und ich nie! Weil er sich entspannt auf meine Kosten! Weil sein Körper sich entspannt, weil die Entspannung seines Körpers auf Kosten meines Körpers stattfindet, weil er mich als Sklavin sieht, weil ich ihm egal bin, mein Körper, meine Entspannung, meine Erholung, meine ERSCHÖPFUNG, das ist ihm alles total egal!«

Sogar im Kopf muss man manchmal eine Pause machen, um zu atmen.

»Weil er mich nicht liebt, weil er mich nicht respektiert! Weil er mich nicht mag! Er mag mich gar nicht. Er kann mich gar nicht mögen, wenn er mich mögen würde, wäre es unmöglich, dass er mich so behandelt, es wäre ihm peinlich, ist es ihm nicht peinlich, warum ist es ihm nicht peinlich? Es ist ihm nicht peinlich, weil er mich überhaupt nicht respektiert!«

Noch mal eine Pause, um zu atmen.

»Vielleicht will er einfach, dass ich vor Erschöpfung sterbe oder mich aus Langeweile umbringe, und dann ist er mich los …«

STOPP! Halt, bitte! Hör mit den negativen Gedanken sofort auf, Baby!

Wenn deine negativen Gedanken in deinem Gehirn rumschwimmen wie ein wütender Hai in einem viel zu kleinen Aquarium, musst du, wenn du The Work machen willst, jetzt die folgenden Fragen stellen:

Ist das wirklich wahr?
Kannst du 100%ig sicher sein, dass das wirklich wahr ist?
Wie fühlt es sich an, diesen Gedanken zu haben? Körperlich?

Welcher Mensch wärst du, wenn du diesen Gedanken nicht mehr hättest?

Das ist eine brillante Idee von Byron Katie, das muss man zugeben. Der Mann liegt auf dem Sofa, du regst dich auf, die Wut der Aufregung gibt dir genug Schwung, so dass du schnell und effizient aufräumen und alles putzen kannst. Und dann, wenn du deine negativen Gedanken bemerkst, fängst du an, The Work zu machen, und glücklicherweise wirst du gleichzeitig mit deiner tatsächlichen Arbeit und deiner The-Work-Arbeit fertig und hast dich beruhigt und kannst dich zum Ehemann setzen und zusammen einen schönen Abend vor der Glotze genießen. Er muss nicht mal wissen, dass es scheiße ist, wenn jemand kochen und dann noch alleine abwaschen muss.

Beim Parenting Book Club, unter dem Video der Leiterin, schwärmen die anderen Mamas.

Es ist so erfrischend, schreibt eine.

Es ist so befreiend, schreibt eine andere.

Ich fühle mich so erfrischt und so befreit, schreibt eine noch andere.

Ich finde das sehr erfrischend und befreiend, schreibt eine noch noch andere.

Die Leiterin erzählt, wie ihr Mann ein Hemd, das sie für ihn gebügelt hatte, nicht weggeräumt hat in den Schrank. Sie ließ es dort hängen, an der Tür des Schranks, in der Hoffnung, er käme selbst auf die Idee, das Hemd in den Schrank zu hängen. Er ist aber nicht auf die Idee gekommen, stattdessen hing das Hemd da. Sie hat das als respektlos empfunden, und bei jedem Blick auf das Hemd fühlte sie sich unterdrückt und ausgebeutet. Dann machte sie The Work. War es wirklich wahr, dass er das Hemd deshalb nicht zurück in den Schrank hängte, weil er sie nicht respektierte? Wahrscheinlich ja, dachte sie. Aber dann dachte sie: Kann ich wirklich 100%ig sicher sein, dass der Grund, weshalb er das Hemd nicht in den Schrank hängt, fehlender Respekt ist? Nein! 100%ig sicher nicht! Dann hängte sie das Hemd zurück in den Schrank und es überkamen sie Gefühle von Glück und Dankbarkeit.

Dankbarkeit?, schreibe ich.

Die Leiterin schreibt: Ich spürte Dankbarkeit dafür, einen Mann zu haben, auch wenn er seine Sachen nicht wegpackt, und überhaupt für mein Leben! Ich habe ein Bügeleisen und einen Schrank! Ganz viele Menschen auf dieser Erde haben gar kein Bügeleisen und gar keine Schränke, zum Beispiel in Indien!

Jetzt schreibt die Inderin: Auch in Indien haben viele Menschen ein Bügeleisen und einen Schrank.

Die Leiterin schreibt ein paar Sekunden lang nichts, dann schreibt sie: Du weißt, was ich meine.

Ich merke plötzlich, dass ich gerade unbedingt kotzen will. Vielleicht bin ich so spirituell unterentwickelt, dass mein Körper eine allergische Reaktion auf The Work hat? Hoffentlich, denke ich mir. Hoffentlich bin ich nicht wieder schwanger.

Mein Freund kommt ins Schlafzimmer, wo ich gerade chatte. Er lächelt mich hasserfüllt an, vielleicht ist hasserfüllt das falsche Wort. Er lächelt mich verachtungserfüllt an. Ich gucke so neutral zurück, wie ich kann.

»Gibt es irgendeinen Grund«, fragt er, sanft, höflich, kalt – er kann nur höflich klingen, wenn er es kalt und sarkastisch meint, merke ich gerade, entweder klingt er höflich und sarkastisch oder wütend, aber doch glücklich, »warum du das Toastbrot in den Kühlschrank gestellt hast?«

OH MEIN GOTT, ruft die Stimme in meinem Kopf, ICH WILL, DASS DER KREBS KRIEGT, JA BYRON KATIE, DU HAST MICH GEHÖRT, DU HAST MICH GENAU GEHÖRT, JA ES STIMMT, ICH WILL, DASS ER KREBS KRIEGT, HALT'S MAUL, BYRON KATIE, IST MIR EGAL WAS DU DENKST, ICH WEISS, DASS ES WAHR IST!

»Toastbrot gehört in den Kühlschrank«, sage ich.

»Toastbrot gehört definitiv nicht in den Kühlschrank«, antwortet er.

»Kannst es rausnehmen, wenn es dich so stört«, sage ich.

»Habe ich schon gemacht«, lächelt er zurück und läuft aus dem Schlafzimmer raus wie eine nuttige Bibliothekarin. Ich liege im Bett und gucke die Book-Club-Seite an. Ich denke, dass schon eine Weile niemand was geschrieben hat, dann merke ich, dass ich gerade kein Internet habe. Ich starre an die Decke. Ich überlege, ob ich das Toastbrot – und die Bananen – extra immer zurück in den Kühlschrank stelle, nur um ihn zu ärgern. Oder vielleicht ist es deswegen, weil ich will, dass er einmal am Tag was in der Küche macht? Ich weiß es nicht. Meine Eltern haben auch immer das Toastbrot in den Kühlschrank gestellt. Und eine leere Küche macht mir Freude. Mein Freund regt sich auf, wenn ich nicht schön putze, aber es ist leichter für mich zu putzen, wenn die Arbeitsflächen leer sind. Aber ihm ist egal, was für mich leichter ist. Er will sowieso, dass ich vor Erschöpfung zusammenbreche …

STOPP!, ruft Byron Katie. Halt, bitte. Oh Byron Katie, flüstere ich zur Decke. Mir hat das letzte Buch, was wir gelesen haben, das von Tara Brach, deutlich mehr Spaß gemacht.

Am nächsten Morgen stehe ich mit dem Baby auf, mein Freund schläft aus. Das haben wir nie so ausgemacht; er findet, dass wir beide schlafen sollten und das Baby spielt allein im Zimmer, aber ich finde das sinnlos – ich schlafe ja gar nicht – und auch ein bisschen gefährlich. Also stehe ich auf. Ich bilde mir ein, dass es nicht das Aufstehen ist, was mich ankotzt, sondern dass er, wenn er dann aufsteht, sich nur beschwert über das Chaos. Aber vielleicht lüge ich mich damit an. Ich gebe dem Baby Weetabix – viel zu viel Salz für ein Baby, eigentlich! – und stelle das Toastbrot zurück in den Kühlschrank. Ich gucke dem Baby beim Essen zu, es sieht wunderbar aus. Du kannst keinem Kleinkind beim Essen zuschauen, ohne zu denken, dass die

Menschheit perfekt ist und Trump doch nicht typisch. Das Baby isst langsam und entschlossen, als ob es eine sehr wichtige Aufgabe wäre. Er liebt Essen. Neulich waren wir im Restaurant und er rief die ganze Zeit: More! Eatie! More! Eatie! Und die Kellnerin fragte mich, was für eine Sprache er sprechen würde.

Nachdem er gegessen hat, sitzen wir in der Spielecke und ich skype mit meiner Mama. Meine Mama, die MS hat, wird gepflegt von meiner trans Tante, die früher mit ihr verheiratet war. Wir nennen sie Tante statt Mama, weil sie das so wollte, aber auch, weil sie schon geschieden waren, als die Entscheidung, als Frau zu leben, so endgültig getroffen wurde, glaube ich. Meine Mama geht schrecklich transfeindlich mit meiner Tante um – manchmal ist es sehr subtil: »Sehr schöner Lippenstift für eine hübsche Dame!«, und manchmal nicht so subtil: »Er weiß, dass die Arbeiter merken, dass er eigentlich ein Mann ist, deswegen läuft er zu schnell, wenn wir an einer Baustelle vorbei müssen.« Manchmal tut mir meine Tante so leid – und dann sagt sie etwas Behindertenfeindliches und Herabwürdigendes zu meiner Mama und ich denke, oh mein Gott, ihr zwei, was ist los mit euch? »Das tut dir überhaupt nicht weh, stell dich nicht so an!«, sagt sie zwanzigmal am Tag, oder so was wie: »Piss halt deine Binden voll und hör auf zu meckern. Niemanden interessiert es, wenn eine Behinderte nach Pisse stinkt.«

Toxische und anstrengende Beziehung – kein Wunder, dass ich so schlechte Lebensentscheidungen treffe, wenn diese zwei Menschen mir beigebracht haben, was Liebe eigentlich ist.

»Daphne möchte mich töten«, sagt meine Mama im Skype-Chat.

»Ja?«, sage ich. »So fühlt sich das an für dich?«

Den ganzen Tag erzählt man meiner Mama, dass Sachen ihr nicht wehtun, die ihr wehtun, ich will ihr das Gefühl geben, ich glaube ihre Version der Realität. Das ist das Mindeste, was ich tun kann, oder?

»Er singt Bob-Dylan-Lieder«, sagt sie.

»Du muss sie sagen«, sage ich.

Früher habe ich nicht korrigiert, jetzt korrigiere ich automatisch, merke ich gerade.

»*Sie* singt Bob-Dylan-Lieder«, sagt meine Mama, betont.

»Ist doch nett, oder?«, sage ich und ahne dabei, dass es doch nicht nett ist für meine Mama.

»Sie dichtet die Lieder um«, sagt meine Mama.

»Echt?«, sage ich, etwas überrascht – dachte immer, dass meine Tante ziemlich texttreu singt.

»Um mir heimliche Botschaften zu schicken«, sagt sie.

»Das muss sich sehr schlecht anfühlen«, sage ich.

»Er will, dass ich mich umbringe«, sagt sie, und diesmal korrigiere ich das falsche Pronomen nicht. »Die konservative Regierung will das auch. Sie wollen mich alle in den Selbstmord treiben!« Ich sage immer noch nichts. Das Baby baut einen Turm und schmeißt ihn um, wenn er umfällt, schreit er: Nein nein! Ich beobachte ihn und dann gucke ich zurück zum Handybildschirm.

»Die Menschen beim Bezirksamt auch«, sagt sie. Ich sage immer noch nichts, sondern seufze leise. Ich denke eigentlich gar nicht an ihre Suizidparanoia. Ich denke daran, wie die Briten *Council* sagen, wenn wir in Deutschland Sozialamt sagen würden, und wie viele Dinge, die das Sozialamt macht, in Deutschland von der Krankenkasse gemacht werden. Ich schweige so lange, dass meine Mama denkt, Skype ist kaputt.

»Daphne!«, ruft sie. »Hör auf mit deiner Scheißgitarre! Skype ist kaputt!«

»Ich bin noch da, Mama«, sage ich.

»Bist du noch da?«, fragt sie.

»Ich weiß nicht, was ich sagen soll«, sage ich.

Ich erzähle meiner Mama von The Work und den Frauen, mit denen ich im Parenting Book Club bin.

»Sind das reiche Frauen?«, fragt sie.

»Ich glaube, die Leiterin ist reich, antworte ich. »Sie hat ein sehr schönes Wohnzimmer, wie Ivanka Trump.«

»Reiche Hausfrauen«, sagt meine Mama. »Reiche Hausfrauen, die keine Probleme haben, außer ihrem Book Club.« Ihre Wörter sind hart und sarkastisch, aber ihre Miene ist glücklicher geworden, denke ich, wahrscheinlich tröstet sie der Gedanke, dass reiche Hausfrauen in den Staaten sich mit solchem Quatsch quälen lassen. Ich frage mich, ob ich nicht auch unterbewusst deswegen beim Parenting Book Club mitmache.

»Also, du musst erst mal erfassen, warum du auf Daphne sauer oder von ihr enttäuscht bist«, erkläre ich.

»Ich bin auf Daphne sauer«, sagt meine Mama langsam und vorsichtig, »weil sie immer Bob-Dylan-Lieder umdichtet, um mich in den Selbstmord zu treiben.«

»Ist das wahr?«, frage ich sie.

»Ja!«, sagt sie.

»Kannst du 100%ig sicher sein, dass das wahr ist?«

»Ja«, sagt sie, langsam und laut, so wie sie gesprochen hat, als Skype neu war. »Ja. Ja.«

»Wie fühlst du dich, wenn du diesen Gedanken hast?«, frage ich.

»Ich fühle mich so…«

»Körperlich«, sage ich.

»Körperlich?«, sagt sie.

»Ja, wie ist das körperliche Gefühl?«, erkläre ich.

»Als ob ich kacken muss«, sagt meine Mama, ich lächele ins Handy und sie lacht. »Vielleicht muss ich sowieso kacken und ich verwechsele das gerade?«, fügt sie hinzu.

»Welcher Mensch wärst du, wenn du aufhören würdest, diesen Gedanken zu haben?«, frage ich.

»Eine verdammte Idiotin!«, ruft sie, auf Englisch klingt es noch schöner: *a fucking idiot*. Wir lachen zusammen. »*A fucking idiot*«, sage ich, und das Baby ruft »*fuck*«. Dann sage ich »Scheiße« und er sagt »tizer, tizer«, was eine Art eklige Limonade bei uns in England ist. »Tizer, tizer«, sage ich – und dann sagt er »Scheiße«.

»Will er Tizer trinken?«, fragt meine Mama. »Bisschen jung dafür, Jacinta«, sagt sie. »Jacinta«, sagt sie dann. »Hör mir zu. Sind die Leute in diesem Parenting Book Club Christen? Läufst du Gefahr, in eine Sekte einzutreten? Ich habe immer gedacht, als du Teenager warst, dass deine Persönlichkeit sehr sektenattraktiv wäre. Ich glaube, dass das Gehirnwäsche ist. Sie sind so Christen, die nicht wollen, dass die Frauen merken, wie scheiße ihre Männer sind.« Meine Mama hat manchmal Recht, denke ich, auch wenn sie ein bisschen paranoid ist. »Du solltest aus diesem Parenting Book Club austreten«, sagt sie, als ob ich da wirklich mitmache und nicht nur abends albern bei Facebook rumhänge und mit Fremden chatte, statt zu netflixen.

Ich merke gerade, dass das Baby auf den Boden gekackt hat. Gut, dass der Papa noch schläft. In letzter Zeit zieht das Baby sich die Windel immer aus, um auf den Boden zu kacken. Ist bestimmt ein Zeichen von Topfbereitschaft, denke ich mir.

»Mama, ich muss los«, sage ich ins Handy. »Das Baby hat auf den Boden gekackt.«

»Kacke«, sagt Baby Leo und zeigt auf seine Kacke. Er ist nicht stolz, er schämt sich auch nicht. Er akzeptiert total, dass er gerade auf den Boden gekackt hat. Babys brauchen keine Selbsthilfebücher, sie brauchen keinen Babying Book Club. Sie machen alles perfekt. Automatisch. Und perfekt. Automatisch perfekt.

Die Lüge von 50/50

Softplay-Center (Indoorspielplatz). Ich kriege immer Kopfschmerzen hier. Warum tue ich mir das an?

»Wenn er den Müll runterbringt«, erzählt mir meine amerikanische Mama-Freundin Sadie, die mitgekommen ist, »tut er so, als ob das die schwierigste Arbeit wäre, die je gemacht worden ist. Aber die Waschmaschine anmachen ist nur Knöpfe drücken. Er sagt das sogar: Du hast nur ein paar Knöpfe gedrückt. Aber wenn *ich* den Müll runterbringe, dann ist das gar keine Arbeit, denn ich gehe ja sowieso nach unten. Egal was wir beide tun, er tut immer mehr als ich.«

Ich lache. Manche Männer sind schon sehr erfinderisch im Hausarbeit-Vermeiden, muss man sagen. Besser als die Teenager, muss man auch sagen.

»Ich plane jede Woche eine neue Arbeitsteilung, und egal, wie ich es plane – er hat mehr gemacht als ich! Was ist los mit ihm? Wenn er die Hälfte der Energie, die er ins Nicht-Mithelfen-Müssen steckt, ins Mithelfen stecken würde, wären wir eine glückliche Familie.«

MITHELFEN:

1) ein sexistischer Begriff, denn warum HELFEN Männer MIT, wo sie doch auch in diesem Haushalt wohnen?

2) eine unrealistische Sexphantasie, die nie in einer heterosexuellen Beziehung stattfinden wird – es ist wahrscheinlicher, dass man stirbt, wiederbelebt wird, noch mal stirbt, wieder wiederbelebt wird, auf dem Weg nach Hause ein Lottoticket kauft und, wow, im Lotto gewinnt, von einem Blitz getroffen wird, auch diesmal nicht stirbt, sondern für drei Monate ins Koma fällt, auf dem Weg nach Hause August Diehl trifft und ihm drei Millionen Euro zahlt, um sein Sexsklave zu sein, ALS DASS MAN EINEN MANN FINDET, DER GERNE IM HAUSHALT MITHILFT!

Ach! Selbst wenn Männer mithelfen würden, wäre es immer noch anstrengend, Kinder großzuziehen, besonders heutzutage, ne, wo man versucht, sie nicht zu schlagen, nicht zu viel Fernsehen gucken und nicht zu viel Zeit alleine verbringen zu lassen. Ich glaube, ein Mann könnte viel mithelfen – die Frauen wären immer noch müde. Aber es wäre möglich, alles zu machen, ohne kaputtzugehen. Die Frauen wären Menschen, die erschöpft sind, aber keine Roboter, die in zwei Teile gebrochen sind wie altes Metall.

»Kennst du jemanden, wo der Mann 50% vom Haushalt macht?«, fragt Sadie.

»Ich glaube schon«, sage ich. »Aber der ist nicht typisch.«

»Ich kenne einen trans Mann, der voll viel macht. Ist es transfeindlich von mir, das zu sagen?«

»Nee«, sage ich. »oder doch, ja? Oder vielleicht nein. Aber, na ja, weißt du was. Wir cis Frauen, mit cis Männern zusammen, wir sind Idioten, oder! Ist nicht transfeindlich, das zu sagen.« Höchstens behindertenfeindlich, denke ich, dann seufze ich. »Warum mache ich das bloß? Ich mag ihn nicht besonders, ich arbeite wie verrückt und werde dafür immer nur angeschnaubt!«

»Manchmal überlege ich mir, ob ich nicht einfach alle Aufgaben, die ich am Tag gemacht habe, die ich jeden Tag mache, aufschreiben soll, und dann, bevor ich schlafen gehe, gebe ich ihm diesen Zettel. Jacinta, weißt du, warum ich das nicht tue?«

»Weil das noch mehr Arbeit für dich bedeutet?«, frage ich.

»Genau«, sagt sie. »Weil ich einfach zu erschöpft bin.«

Baby Leo kommt zu mir.

»Soft Play scary«, sagt er. »Soft Play auwa. Big. Boy. Haun. Haun. Auwa.«

»Oh, bleib bei mir und ich kuschele das Auwa weg, ja?«, sage ich und versuche ihn zu umarmen.

»NEIN DANKE!«, ruft er und springt zurück in die Löwenhöhle. Ich kann da nicht reinklettern, um zu kontrollieren, dass der Big Boy nicht zu hart haut. Aber Baby Leo weiß, wo ich bin. Er wird sich schon melden, wenn es ernsthafte Probleme gibt.

Ein Lob dem Berliner Modell

Baby Leo ist in der Kita-Eingewöhnung. So fühlt es sich an, wenn man in der Eingewöhnung ist: Man fühlt sich, als ob man eine schöne Prinzessin oder vielleicht ein sehr schönes, aber armes Mädchen aus einem alten Märchen wäre. Jahre und Jahre und Jahre lang warst du eingesperrt in einem Verlies namens Elternzeit. Dann hat man dir eines Tages erzählt, dass du, wenn du sehr weit läufst, weiter als jemals ein Mensch in der Geschichte der Menschheit gelaufen ist (zum Jugendamt in Lichtenberg, aber okay, du darfst die Straßenbahn nehmen), eine sehr alte weise Dame, die vielleicht eine böse Fee ist, oder vielleicht eine gute Hexe (die Tante vom Amt), in einer Höhle (der Kindertagesstättenkostenübernahmehilfeprozessstellenabteilung) besuchen kannst, und sie gibt dir dann einen sehr wertvollen Edelstein (Kitagutschein) und dann wirst du befreit aus deinem Verlies!

Aber so läuft es immer in den Märchen, ne: Bevor man befreit wird, muss man die letzte Prüfung bestehen, und die letzte Prüfung heißt: Eingewöhnung. Das ist auch ein Verlies – aber mit Fenster. Du kannst rausgucken aus dem Fenster. Du kannst die Freiheit schmecken. Du kannst deine Befreiung riechen. Aber Vorsicht, du darfst dich nicht zu früh freuen, denn die Hexe warnt dich: »Dreißig Tage noch musst du leiden, mein Kleines«, sagt sie und lacht. »Du musst dieses Leid einfach akzeptieren, ohne jemandem zu gestehen, dass es dich nervt. Denn wenn ich irgendwie höre, dass du dich beschwert hast, dann wird die Eingewöhnung immer länger … und länger … und länger … bis du am Ende für immer eingesperrt bist in der Eingewöhnung, für immer und ewig, bis in alle Ewigkeiten.« »Ich würde mich nie beschweren!«, versprichst du der netten Hexe, oder vielleicht ist es eine böse Fee. »Ich werde diese Last schweigend tragen.«

Mein Sohn wird eingewöhnt! Ich werde mich nie wieder über irgendetwas in Deutschland jemals beklagen, versprochen, denn das hier ist ein Paradies für Mütter, wenn es jemals ein Paradies gibt. Jeden Tag eine Stunde länger, und ich lächele und nicke und tue so, als ob er eingewöhnt werden müsste. Heimlich denke ich, dass mein jüngstes Kind zu den 1% der Kinder gehört, die mit einem britischen/amerikanischen/russischen Eingewöhnungssystem klar kommen würden: zur Kitatür hinbringen, tschüs sagen und schnell abhauen. Der hat bis jetzt nicht ein einziges Mal geheult, das kleine Arschloch (ich liebe ihn mehr als ihr, deswegen darf ich ihn Arschloch nennen und ihr nicht). Wenn ich ihn abhole, jeden Tag ein bisschen später, ist er gar nicht glücklich, mich zu sehen, sondern überrascht. »Mami?«, sagt er, neugierig, ein bisschen verwirrt, so wie wenn du als Berliner jemanden aus Berlin in New York oder London auf der Straße siehst. Und ich will nicht unsolidarisch sein mit den armen Müttern, deren Kinder nicht leicht einzugewöhnen sind (vor 13 Jahren gehörte ich zu euch) oder die unter Druck wegen einer festen Stelle langsam panisch werden: Aber zur Zeit tanze, schwebe, fliege ich, ich fliege durch die Stadt wie eine Prinzessin, die gerade von einem Fluch befreit worden ist.

Die Wahrheit ist, und ich weiß, wie mühsam die Eingewöhnung sein kann, aber die Wahrheit ist: Ich finde das Berliner Modell eigentlich sinnvoll und total befreiend. Ich weiß, es fühlt sich nicht befreiend an – besonders nicht für Ausländerinnen, Alleinerziehende oder alleinerziehende Ausländerinnen, die gewartet haben, mit gestocktem Atem: auf den Gutschein, auf den Platz, auf den Vertragsabschluss. Die Befreiung können sie riechen – dürfen aber doch nicht in den Paradiesgarten hineinlaufen. Sondern müssen immer wieder fünf Minuten in der Garderobe warten und vielleicht zuhören, wie ihr Baby oder Kleinkind verzweifelt heult und schreit.

Jedoch finde ich unser System hier in Berlin das bestmögliche. Es ist eine Umstellung, wenn das Kind nicht mehr immer mit dir alleine sein wird. Es ist besser für das

Kind und eigentlich auch besser für die Mamas (und teilweise Papas), wenn diese Umstellung so sanft wie möglich gestaltet wird. Und ein Vorteil dieser Eingewöhnungsprozedur ist, dass durch diese sanfte Art, die Kinderbetreuung zu wechseln, das Konzept Kita nicht so stigmatisiert wird. Hier ist es nicht wie in den Staaten oder in Großbritannien, wo Mütter, die ihre Kinder vor dem 3. Geburtstag zur Kita schicken wollen, sich an der Kitatür oft Vorträge anhören müssen über Gehirnschäden und so weiter. Gähn. Wir hier in Berlin müssen uns diese Schuldgefühle nicht einreden lassen. Unsere Kinder werden eingewöhnt. Unsere Kinder sind geborgen.

An alle Mamas, die jetzt in der Eingewöhnung leiden, besonders die ausländischen Alleinerziehenden, euch liebe ich am meisten: Bleibt stark! Ihr schafft das. Bald laufen wir zusammen im Paradies herum. In der Freiheit. Wir lieben unsere Kinder, aber wir lieben auch unsere Freiheit. Kommt mit mir, wir machen einen Ausflug ins Paradies … Na ja. Bis zu der ersten Grippewelle, meine ich. Oder Corona …

The Washing Machine Diaries

Bevor Baby Leo in der Kita anfing, ging mein Plan so: Ich würde ihn in die Kita bringen, er wäre eingewöhnt und dann wäre ich freeeeeeeeeeeiiiiiiii! FREI! FREEEEEEEIIIIIHEIIIIIIT, würde ich rufen, wie Mel Gibson in *Braveheart*.

Ich würde nur zwei Sachen machen mit meiner neuen freien Zeit, mit den endlosen luxuriösen leeren Tagen, die sich vor mir hinlegen würden wie Kleopatra auf einen altmodischen Liegestuhl, Tage und Tage und Stunden und Stunden der Freiheit, die totale Freiheit, die absolute komplette Freiheit:

Self-Care (sehr wichtig)
GELD VERDIENEN (noch wichtiger)

So war mein Plan: Ich bringe Baby Leo früh zur Kita, dann komme ich nach Hause und mache eine halbe Stunde Meditation, eine halbe Stunde Fitness, eine Stunde Putzen/Haushalt und sechs Stunden schreibe ich entweder, um Geld zu verdienen, oder ich bewerbe mich auf Übersetzerjobs, um noch mehr Geld zu verdienen. Ich wäre im Grunde genommen Beyoncé, nur reicher und glücklicher. Das war der Plan.

Jetzt aber die Realität: Baby Leo ist oft so durchgedreht nach der Kita, dass er erst um 21 Uhr einschläft. Dann schläft er aus bis acht oder neun, und wir kommen oft erst um zehn in der Kita an. Auf dem Weg nach Hause kaufe ich was ein – irgendwie vergesse ich, seit er in der Kita ist, immer alles, was wir brauchen. Ich bin erst um elf zu Hause. Dann mache ich sauber oder schreibe irgendwelche E-Mails, die voll notwendig sind, aber überhaupt nicht Beyoncé-mäßig, dann merke ich, dass ich bald los muss, um Baby Leo von der Kita abzuholen, schreibe eine halbe Stunde oder höchstens eine Stunde, dann gehe ich los, um ihn abzuholen, und bin überhaupt gar nicht reich und selbstgepflegt und im Grunde genommen das genaue Gegenteil von Beyoncé. DAS WAR NICHT DER PLAN, LEUTE!

Und die Schließtage! OH MEIN GOTT, DIE SCHLIESSTAGE! Baby Leo geht auf eine voll geile altmodische Kita mit richtig wenig Schließtagen. Als ich bei der Anmeldung die Liste der Schließtage anschaute, ist mein Herz weich und schwer und traurig und voller Wehmut geworden. Baby Leo, ich vermisse dich jetzt schon, flüsterte ich. Ich hatte das Gefühl, dass ich ihn nie wieder sehen würde, außer an den Wochenenden und vier Tagen pro Jahr. Und jetzt aber die Realität, hallo Realität, nett, dass du dich meldest: Seit zwei Monaten ist Baby Leo eingewöhnt, und es kommt mir so vor, als ob wir schon zehn Schließtage oder Fortbildungstage hatten! Wie sollen Frauen Geld verdienen, wenn sie immer diejenigen sind, die aufhören sollen zu arbeiten, Geld zu verdienen, wenn ein Schließtag ist? Ich frage mich, wie Beyoncé und Jay-Z das regeln.

Und dann kriege ich noch dazu diese Nachricht in der Kita-App:

Liebe Eltern!

Wir haben 17 (!) kranke Mitarbeiter und 2 schwangere, wir bitten Eltern ohne feste Jobs, aus Solidarität ihre Kinder diese Woche nicht zu bringen. Das wäre sehr nett von Ihnen!

Mit freundlichen Grüßen,

Ihre Kitaleitung

Ich liebe Baby Leos Kita, ich mag es, dass sie so altmodisch und groß und DDR-mäßig ist, genau wie ich Shoppingcenter und Ärztehäuser und Kettenrestaurants Boutiquen und Einzelarztpraxen und Geheimtippimbissen vorziehe. Ich finde, Intimität ist für *weiße* Deutsche; wenn du eine nicht-*weiße* Ausländerin bist, willst du verloren gehen in der Menge, du kriegst sowieso nie guten Service, es ist also besser, du kannst ein bisschen Anonymität genießen. Mein großer Sohn geht sogar zu einem Kettenzahnarzt! Ich mag es, dass Baby Leos Kita so groß und altmodisch und ostig ist – sie reden von schwangeren Mitarbeitern, nicht Mitarbeiterinnen, und ich glaube nicht, dass das deswegen ist, weil sie transinklusiv sein wollen. Sie haben auch einen supergeilen Garten und eine Sauna im Keller. Aus Solidarität lasse ich Baby Leo also zu Hause. Na ja, es ist eine Mischung aus Solidarität und Angst. Ich denke an den armen Erzieher, eine Praktikantin an der Seite, um ihn herum ungefähr tausend Kinder. 17 kranke Erzieher*innen und 2 schwangere! Ich will ihm das nicht antun, aber ich will auch Baby Leo nicht in diese Situation bringen, wenn ich nicht unbedingt muss.

Zu Hause mit Baby Leo. Es ist erst 10.30 Uhr und ich habe so was von Langeweile. Soll ich ihn vor den Fernseher setzen und ein bisschen schreiben? Als ob er meine Gedanken lesen könnte, schlägt er sehr höflich vor: »Telly?«, und zeigt auf den Fernseher. Oh mein Gott, denke ich mir, wie habe ich früher die Tage gestaltet? Wieso bin ich nicht vor Langeweile gestorben?

»Noch nicht«, sage ich, und meine Stimme klingt entschlossener, als mein Herz sich fühlt. Aber es ist noch nicht mal elf Uhr und Fernsehen ist wie Heroin für kleine Kinder, wenn man erst mal anfängt … ist der Tag vorbei.

»Lass uns zusammen die Wäsche waschen«, sage ich, und ich denke, wir können voll so Montessori-mäßig gemeinsam die Wäsche machen. Ich hole aus dem Teenagerzimmer (kein Kinderzimmer mehr, sondern eine Höhle mit einem Ozean von Energy-Drink-Dosen und alten Chipstüten auf dem Boden, der irgendwie nach Käse riecht) alles Schwarze: schwarze Hosen, schwarze Pullis, schwarze Jeans, schwarze T-Shirts. Ich glaube nicht mehr wirklich an diese Farbentrennung, aber ich denke, wenn man nach Farben trennen soll und der Teenager fast nur schwarzes Zeug hat, dann gut, was soll's. Aus Langeweile lese ich Baby Leo die Waschprogramme vor. Outdoor. Okay. Hemden/Business. Superfein. Pflegeleicht Plus. Super 15. Koch/Bunt. Vorwäsche. Pflegeleicht. Schnell/Mix. Fein/Seide. Wolle. Manche dieser Programme machen Sinn, manche weniger. Was ist der Unterschied zwischen Pflegeleicht Plus und Pflegeleicht? Ich fühle mich beim Anschauen der Programme wie ein Höhlenmensch, der in den Himmel schaut. Outdoor ist 30°, 1:13 Laufzeit. Okay. Ich hätte gedacht, bei Outdoor meinen sie so Jacken und Skihosen und so. Hemden/Business ist 40° bei genau einer Stunde. Ja, das klingt plausibel. Wenn ich die Business-Hemden meines Freundes machen würde (wer macht die, frage ich mich gerade?), würde ich sie bestimmt für eine Stunde bei 40° waschen wollen. Klingt voll plausibel, bin dafür. Was mich aber verwirrt: Superfein ist 30° bei 0:38, Pflegeleicht Plus ist 30° bei 1:16, BUT GET THIS: Pflegeleicht ist 40° bei 1:27. Schnell/Mix 40° bei einer Stunde – genau wie Hemden/Business. Das macht alles keinen Sinn. Plötzlich frage ich mich, ob die Waschmaschine weniger gewalttätig schleudert bei Superfein. Vielleicht gibt die Maschine weniger Gas. Vielleicht geht es nicht nur um die Zeiten und die Temperaturen. Wer könnte das alles wissen, wie findet man so was raus? Und warum gibt es so viele Optionen?

Mein Handy klingelt, Tanja ruft an.

»JACINTA!«, ruft sie. »ICH BIN IN BERLIN! Mann, ist es schmutzig hier, wie hältst du das aus? Was machst du gerade?«

»Ich mache Wäsche«, sage ich, und sie lacht sich kaputt. Sie findet mich so lustig, dass sie vor Freude lacht bei allem, was ich sage, im Grunde genommen.

»Lass uns zum Mittagessen treffen!«, ruft sie.

»Ich habe Baby Leo«, sage ich.

»Kein Problem!«, sagt sie. »Dann gehen wir in irgendein Familiencafé oder Frauencafé oder so. Du musst dich auskennen. Wo gibt's eine Spielecke, aber trotzdem Prosecco?«

»An viel zu wenigen Orten«, sage ich traurig. Tanja lacht sich kaputt. Ich halte das Handy an mein Ohr und schaue die Waschmaschine noch mal an.

»Tanja, was genau ist der Unterschied zwischen Pflegeleicht und Pflegeleicht plus? Ist Pflegeleicht Plus noch pflegeleichter als Pflegeleicht? Und woher weiß man, ob Kleidung pflegeleicht ist oder nicht? Ich denke immer, mein Billigzeug von Primark sollte pflegeleicht sein, aber dann wäscht man das zweimal und dann zerfällt es in der Waschmaschine, eigentlich sollte man seine billige Primarkkleidung wie Seide waschen, sehr sanft.«

Tanja lacht fröhlich und sagt: »Du bist die intelligenteste gebildete Frau meines Freundeskreises, aber manchmal bist du voll inkompetent!«

Tanjas andere Freundinnen sind alle so Mario-Barth-Fan-mäßige Menschen, deswegen sagt sie das. Ich bin geschmeichelt wegen der »Intelligenz«, aber trotzdem beleidigt wegen der »Inkompetenz«.

»Hey!«, rufe ich ins Handy. »Es ist nicht inkompetent, sich zu fragen, was der Unterschied zwischen Pflegeleicht und

Pflegeleicht Plus genau sein soll! Aber Tanja … jetzt, wo du dran bist: In welche Schublade gehört der Weichspüler? Ich tue immer ein bisschen von allem in jede.«

Tanja lacht sich so kaputt, sie erklärt mir die Weichspüler-Etikette, ich vergesse sofort, was sie sagt, wir verabreden uns zum Mittag und hoffen sehr, dass es Prosecco geben wird, ich drehe mich weg von der Waschmaschine – und sehe, dass Baby Leo seine Windel abgezogen hat und den Kissenbezug eines Kissens, um direkt auf das Kissen zu kacken. Und nicht irgendeine Kacke – sondern eine schwarze, stinkende, sehr schleimige Kacke. Was hat der bloß gegessen, denke ich. Ich seufze. So was passiert Beyoncé bestimmt nicht.

Bevor wir losgehen zum Familiencafé, nehme ich Ryans schwarze Kleidung raus aus der Maschine, hänge sie schnell auf und schmeiße das Kackkissen rein. Problem gelöst, denke ich.

Tanja ist gut gelaunt beim Mittagessen und Baby Leo spielt brav und konzentriert mit den anderen Kindern. Sie erzählt mir von ihrem neuen Freund, der Ingenieur ist und FDP wählt. »Komisch«, sage ich. »Ich kenne niemanden, der nicht Linke wählt.«

»Aber er ist sonst total nett«, sagt sie. »Ich habe ihn gezwungen, dein Buch zu lesen.«

»Was hat er gesagt?«

»Er hoffte, dass die traurigsten Stellen erfunden waren.«

Das ist nett, dachte ich, ein netter FDP-Wähler, der Ingenieur ist. Man könnte schlimmere Freunde haben, ne.

Und dann komme ich nach Hause zu einer
KATASTROPHENSITUATION,
in ein
KRISENGEBIET.
Ich komme nach Hause zu einem
DESASTER IN DER WOHNUNG.

Eine echte echte echte Katastrophe, eine Krisensituation, das Schlimmste, was mir je passiert ist: ein explodiertes Federkissen. Die Waschmaschine sieht aus, als ob ich ein Hähnchen darin getötet hätte. Ich rufe sofort Tanja an, und sie redet langsam und deutlich, aber geduldig, und laut, aber sanft. FLUSENSIEB AUFSCHRAUBEN, erklärt sie. Ich mache, was sie sagt, und jetzt überschwemmt ein Ozean von Federn die Waschmaschinenkammer, eklige, nasse, zusammengepresste Federn. Der Teenager kommt GENAU ZU DIESEM ZEITPUNKT nach Hause und betrachtet die ganze Situation sehr sehr neutral – so neutral, dass es nicht mehr neutral ist, ne –, und Baby Leo sagt: »Wasser! Waschen! Schine! Aputt!«

Ryan fragt: »Was ist passiert?« Sein Gesicht und seine Stimme sind immer noch super neutral.

Ich so: »Ich habe ein Federkissen in die Waschmaschine gesteckt.«

Ryan so: »Warum?«

Ich so: »Baby Leo hat draufgekackt.«

Jetzt endet seine Neutralität und er lacht besserwissend: »MAMA! Ich bin ein TEENAGER und sogar ich weiß, dass Kissen nicht in die Waschmaschine gehören! Nur die Bezüge!«

»Echt?«, frage ich. »Woher weißt du das?« Er läuft Richtung Teenagerzimmer und ich rufe ihm hinterher: »Warum wissen alle so viel über Waschmaschinen, nur ich nicht?«

Er bleibt an der Tür stehen und ruft zurück: »Weil du die schlechteste Hausfrau aller Zeiten bist!« Tür zu. Ich seufze. Ich starre die Waschmaschine an. »Ich liebe dich, Baby«, flüstere ich. »Du schaffst das, Baby. Du schaffst das. Nimm dir Zeit und kacke all die bösen Federn raus aus dir, dann kannst du wieder arbeiten. Es tut Mama so leid, dass sie dir wehgetan hat.«

Teeniezimmertür auf. Kopf von Ryan. »Gibt es Chips?«, ruft er.

»Chips sind ungesund!«, rufe ich zurück.

»Heißt das nein?«, fragt er.

Baby Leo sagt: »Wasser. APUTT.«

Ryan fragt, ob seine Sportsachen für morgen sauber sind. Gott sei Dank sind seine Sportsachen schwarz, denke ich mir.

Er guckt den Boden an.

»Sind da jetzt mehr Federn als eben?«, fragt er.

»Ich fühle mich wie Macbeth«, sage ich. »Jedes Mal, wenn ich das Scheißflusensieb aufschraube, gibt es mehr Federn als vorher. Wer hätte je gedacht, dass das alte Kissen so viele Federn in sich hatte?«

Drei Tage Horror folgen. Kita unterbesetzt, Leo zu Hause, Waschmaschine kaputt. Immer wieder Tanja anrufen, ich glaube, am Ende hat sie nicht mehr immer gelacht bei allem, was ich gesagt habe. Viel googlen, Foren besuchen. Flusensieb aufschrauben, Waschmaschine aus- und wieder anmachen. Waschmaschine sanft anflüstern: Ich glaube an dich, Baby. Ich glaube nicht, dass ich die Reparatur anrufen muss. Ich glaube an dich. Drei Tage lang Hoffnung – wenn ich die Reparatur nicht anrufe, kann ich mir vielleicht Ryans Weihnachtsgeschenk leisten. Drei Tage Hoffnung. Drei Tage kämpfen. Drei Tage Fehlercodes eintippen. Essig rein. Backpulver, Tür geht nicht auf. Schmerzen und Leiden mit der Waschmaschine.

Ich schreibe Tanja eine SMS: Die Fotzen-Waschmachine kotzt immer noch so viele Federn raus, als ob sie gerade einem Hahn einen Deepthroat-BJ gegeben hätte.

Tanja schreibt zurück: HA HA HA!!!

Und dann: Ich glaube, jetzt ist es an der Zeit, die Reparatur anzurufen.

Ich will schreiben statt zu waschen. Jetzt mache ich nichts von beidem, sitze da, starre die Waschmaschine an, zähle Federn, fülle mein Herz mit Hoffnung. Und dann wieder Verzweiflung. Ich rufe die Waschmaschinenmänner an und sie versprechen, sie kommen am Montag vorbei. Ein Wochenende ohne Waschmaschine. Der Horror.

Am Telefon reden sie von 140 Euro, aber am Montag, beim Abholen, ist die Summe plötzlich 280. Als sie sie mir am nächsten Tag zurückbringen, reden sie von 356 Euro, plus 50 Euro bar wegen der Leitung. Weihnachten ist das neueste

Opfer von Cancel Culture, denke ich. Die Waschmaschine hat überhaupt nur 279 Euro gekostet! Ich könnte heulen.

Nachdem ich denen fünfzig Euro bar gegeben habe, frage ich sie, welche Schublade ich für den Weichspüler benutzen soll. Sie gucken mich überrascht an. »Aber Sie sind eine Hausfrau!«, sagen sie. »Das müssen Sie doch wissen.«

Nachdem sie weg sind, weint Baby Leo. Es ist langweilig und einsam für ihn zu Hause, ich glaube, er dachte irgendwie, das seien seine neuen Freunde. Ich sitze auf dem kalten Boden vor der Waschmaschine und ziehe Baby Leo auf meinen Schoß. Ich küsse ihn überall.

»Ich liebe dich mehr als alles auf dieser Welt«, flüstere ich, »abgesehen von deinem älteren Bruder und dieser Waschmaschine. Auf dem Handy kommt eine Nachricht in der Kita-App: morgen sind nur 7 Erzieher krank! Voll wenig, oder? Morgen schicke ich ihn hin.

»Morgen gehst du zurück in die Kita«, sage ich ihm.

»Kita«, sagt er ernsthaft. »Bagger. Auto. Kita. Kita.«

Morgen werde ich so viel schaffen. Self-Care, Schreiben, Texte und Bewerbungen – selbst Beyoncé wird morgen nicht so viel schaffen wie ich. Und noch dazu werde ich den ganzen Tag die Waschmaschine anhaben. Ich freue mich. Ich freue mich total. Ich freue mich tatsächlich.

Dirty Bitches

Baby Leo ist noch wach, mein Freund hat den Fernseher schon angemacht. Ich versuche, Baby Leo seinen Pyjama anzuziehen, ich will, dass er schläft, bevor das Fernsehprogramm zu gewalttätig wird.

Ich will meinen Freund nicht darum bitten, mir zu helfen, Baby Leo ins Bett zu kriegen. Wahrscheinlich bin ich zu stolz. Oder zu faul? Ich weiß es nicht. Ist er faul? Ich darf das Wort für ihn nicht benutzen, aber jemand, der so viel schläft und trotzdem meckert, ist vielleicht doch faul, oder? Wenn er zumindest ausgeschlafen und gut gelaunt um 12 oder 13 Uhr aus dem Bett klettern würde! Und so viel Sofazeit benötigt er! Manchmal denke ich, dass er depressiv ist. Vielleicht ist er depressiv, das sage ich mir, wenn er rummotzt. Vielleicht ist er depressiv und die Zeit auf dem Sofa voll wichtig für ihn, ne. Vielleicht.

Mein Freund liegt auf dem Sofa, ich merke, wie er eine Chipstüte auf den Boden fallen lässt. Ich verstehe nicht, warum er findet, ich bin die Schlampe und er der Ordentliche, der Spießige, der Langweilige! Ich bin die, die nicht nur alleine kocht, aufräumt und putzt, sondern auch die Geschichten vorliest und das Baby ins Bett bringt – und er ist derjenige, der auf dem Sofa liegt und Chips frisst. Ist das ordentlich? Ist das spießig? Ist das langweilig? Es sieht geil aus. Aber ich bin für ihn die Schlampe. Ich denke, egal wie sehr ich putzen würde, ich wäre immer die Schlampe für ihn. »Ich komme gar nicht klar mit deinem täglichen Chaos!«, hat er mal gesagt, als ich geweint habe und er sauer war, wegen irgendetwas, das ich falsch gemacht hatte.

Ich denke wieder mal über das Wort Schlampe nach: Ich mag, dass es zwei Bedeutungen hat, eine Frau, die viel rumfickt, oder eine Frau, die wenig aufräumt. Sex und Schmutz, dasselbe: faul sein, dick sein, unordentlich sein. Frei sein. In England, ich sollte UK sagen, sorry, haben wir bis in die 90er das Wort *slut* benutzt für die schlechte, schlampige Hausfrau, und *slag* für die Frau, die viel Sex hatte. Bis in die 90er war eine Frau eine *slut*, in Großbritannien zumindest, wenn sie ihre Wäsche nicht machte, wenn ihre Unterwäsche schmutzig war, wenn ihre Küche stank. Ich dachte immer, dass das Adjektiv, das dazu passt, *slatternly* wäre, eines dieser englischen Adjektive, die wie ein Adverb aussehen (meine Lieblingsart!). Aber das Adverb dazu ist *sluttishly*. In *Bridget Jones' Diary*, geschrieben 1996, war einer ihrer Neujahrsvorsätze:

(I will not)

Behave sluttishly around the house, but instead imagine others are watching.

Damit meinte sie nicht, dass sie nicht zu Hause mit vielen Männern ficken, dass sie sich nicht promisk verhalten wollte. Was meinte sie? Rauchen im Bett, denke ich mir, Weingläser im Badezimmer, Zeitschriften auf dem Boden, pöbeln, furzen. Periodenblut auf der Matratze. Oder Kacke an den Wänden.

Das Wort für eine Frau, die viel rumfickt, war – und ist immer noch – in UK eigentlich *slag*, wie gesagt, nicht *slut*. Und *slag* bedeutet eigentlich Schlacke, also Abfall bei der Metallproduktion: *stony waste matter separated from metals during the smelting or refining of ore.*

Also auch etwas Ekliges, etwas zum Wegschmeißen, etwas, das eigentlich Abfall ist.

Seit den 2000ern, den frühen 2000ern, ist die britische Bedeutung von *slut* verloren gegangen, obwohl es ab und zu zu Missverständnissen zwischen den Generationen kommen kann. Aber jetzt haben wir zwei Wörter für eine Frau, oder sogar ein Mädchen, das leicht zu kriegen ist, ins Bett oder vielleicht sogar in die öffentliche Toilette in einem Freizeitpark. *Slut* oder *slag* sagen wir jetzt zu einer Frau, die viel – und gerne – fickt, besonders mit fremden Männern.

Also, ich habe jetzt keine wissenschaftliche Studie gemacht, aber ich *glaube*, es geht um Männer. Eine Frau, die mit vielen Männern fickt, ist eine Schlampe, *slut*, *slag*. Ich glaube, wenn eine Lesbe mit 3000 Frauen geschlafen hätte, wäre die Bezeichnung Schlampe/*slut*/*slag* immer noch nur ironisch anzuwenden.

Auf Deutsch sagt man immer noch ab und zu schlampig für *slovenly* und Schlampe für eine schlechte Hausfrau. Was interessant ist – obwohl *slut* jetzt nichts mehr mit dem Haushalt zu tun hat, ist es immer noch mit Schmutz verbunden. Eine Frau, die gerne fickt, ist schmutzig. Eklig. *Disgusting*. *Gross*. Sie kotzt uns an. Sie ist widerlich.

Bei diesem Comic über Mental Load, der gerade voll viel bei Facebook gepostet wird, geht es um eine Last, die immer die Frauen tragen müssen, und nicht die Männer. Sogar bei den Männern, die viel im Haushalt »helfen«, ist es die Frau, die alles checkt, die alles organisiert, die alles weiß. Ganz oft gibt es solche Tipps, ne, in den Frauenzeitungen:

»Wenn Sie erwarten, dass Ihr Mann im Haushalt mithilft, dann müssen Sie ganz klar Ihre Erwartungen mitteilen – er kann Ihre Gedanken nicht lesen! Sie müssen genau mit ihm kommunizieren, so dass er weiß, was er machen soll.«

Mein Freund liegt auf dem Sofa, ich bringe Baby Leo seine Zahnbürste, mein Freund sagt, er hoffe, dass keine Zahncreme auf das grüne Sofa kommt. Er ist so enttäuscht von mir, schmutzig, schlampig wie ich bin. Ich enttäusche ihn so sehr, er sagt oft, er wünsche sich, dass ich statt Chaos Struktur hinter mir lassen würde. Ich hebe die Chipstüte auf, ich kann mir nicht vorstellen, was er sich vorgestellt hat. Hat er sich das gemeinsame Leben so vorgestellt, immer den Fernseher an, nie lachen, nie Geschichten erzählen, nie putzen, aber immer sagen, es ist zu schmutzig? Vielleicht hat er Depressionen, vielleicht hat er einen Burnout, ich jedenfalls habe es mir irgendwie anders vorgestellt. Irgendwie hatte ich mir vorgestellt, dass wir Baby Leo gemeinsam ins Bett bringen würden. Nicht jede Nacht, aber manchmal. Es ist schon ein bisschen komisch, von jemandem, der immer auf dem Sofa liegt, während du die *bedtime* alleine machst, zu hören, wie schlampig und nutzlos du bist.

Ich gehe ins Kinderzimmer und lese Baby Leo Bobo vor, das hat mir jemand auf der Leipziger Buchmesse geschenkt, fuck, wie sehr ich Bobo hasse, jedes Mal, wenn ich das vorlese, denke ich, thank fuck I didn't pay for this shitty Bobo book. Aber mein Sohn hat keinen Geschmack, und meine Wut auf Bobo schmilzt in Liebe für Baby Leo, sein Gesicht, als Bobo die Rutsche runterrutscht.

»Weeeeeeeeeeeeee?«, sagt er, als wäre es eine Frage. Seine Augen! Er hat das Buch tausendmal gelesen UND es ist nur eine fucking Rutsche, aber seine Augen, seine Bewunderung, sein Wunder.

»Ja«, sage ich. »Bobo rutscht runter.«

Als Bobo einschläft in den Armen seiner Mutter, wahrscheinlich aus Langeweile, weil kein Mensch oder Tier – was sind das für Tiere, diese Bobo-Familie? Der Papa hilft mehr, als mein Freund hilft, denke ich, er geht zum Beispiel einkaufen. Ach, aber mein Freund findet, er gehe viel einkaufen, ich solle mich nicht beschweren. Mein Freund kommt vom Kaufland immer nach Hause mit so einem traurigen Blick wie Gandhi, weil er gerade einkaufen gewesen ist und kein Mensch je zuvor so gelitten hat, EIN MANN ALLEINE IM KAUFLAND, wie Mann gegen Hai, diese amerikanischen Dokusendungen, so stellt er sich das vor, bestimmt … Als Bobo einschläft, aus Langeweile, in den Armen seiner Mutter, weil kein Tier, egal, was für Tiere das sind, jemals so ein langweiliges Leben hatte wie dieser Scheißbobo – ich dachte, Conni wäre scheiße gewesen, aber wahrscheinlich hat der Autor von Bobo eine Wette gemacht mit der Autorin von Conni: Wer kann die langweiligsten, handlungslosesten Bücher in der Welt produzieren – dann glänzen Baby Leos Augen, als ob er diese Pointe kaum ertragen könnte, weil die so geil ist.

»Sleepie«, sagt er zu mir. Und lächelt zufrieden.

»Yeah«, sage ich auf Englisch. »Bobo went to sleep, huh.«

»'Gain!«, sagt er.

»Ich kann das nicht noch mal lesen«, sage ich. »Lies du es mir vor.«

Bobo macht viel Spaß, wenn Baby Leo vorliest. Er liest es mir streng vor, wie eine wütende Bibliothekarin.

»Bobo«, sagt er, streng, am Anfang. »Bobo Park.«

»Ja«, sage ich.

»Bobo«, sagt er, wieder superstreng. Wie Maggie Smith oder so. »Bobo Schauk.«

»Ja«, sage ich.

»Bobo!«, sagt er. »Bobo weeeeeeeeeee.«

»Ja«, sage ich.

»Bobo«, sagt er dann. »Bobo see-saw heiter heiter.«

Er meint damit Reiter, wegen dem Hoppe-Hoppe-Reiter-Lied. Ich sage einfach ja.

»Bobo sleepies«, sagt er bei der letzten Seite.

Dann schmeißt er das Buch auf den Boden.

»Bobo alle, alle!«, ruft er.

Dann kuscheln wir. Dann stehe ich auf und warte im Korridor auf dem Boden, bis er schläft. Ich sitze auf dem Parkettboden und trinke ein Glas Weißwein und spiele Wordblitz. Eigentlich sollte ich schreiben. Aber ich muss hier sitzen, er kann das riechen. Wenn ich weggehe, klettert er aus dem Bett und schläft nie wieder ein.

Ich denke wieder darüber nach, warum ich nicht gut genug bin für meinen Freund, obwohl ich wirklich versuche, *alles* im Haushalt zu machen, und er versucht, so wenig wie möglich zu machen. Vier Nächte pro Woche ist er nicht hier, da mache ich alles alleine. Wenn er hier ist und ich auch hier bin, mache ich auch alles alleine. Er bringt Baby Leo nur dann ins Bett, wenn ich weggehe.

Warum ist er so enttäuscht? Alle meine Freunde sagen, weil du im Moment auf das Baby aufpasst, will er, dass du auch alles andere machst, und wenn du etwas nicht machst, ist er sauer. Er denkt nicht, dass du, wenn er weg ist, die Kinderbetreuung machst, damit er arbeiten gehen kann. Nein, er denkt, dass er arbeiten geht, damit du zu Hause sitzen kannst – und dann ist noch dazu die Wohnung schmutzig.

Aber ich weiß nicht, ich glaube das nicht. Dann wäre er nicht SO enttäuscht von mir, oder? Dann wäre er nicht so unzufrieden? Wenn es das wäre, wenn er zugeben würde, dass ich für ihn eine perfekte Hausfrau sein muss, dann würde er auch zugeben müssen, dass ich den ganzen Tag, die ganze Woche, die halbe Nacht nur am Arbeiten bin, dass ich ihn also, auch wenn ich nicht perfekt bin, nicht ausnutze, sondern einfach versagt habe? Ich glaube nicht, dass es ums Geld geht. Ich glaube das einfach nicht.

Manchmal denke ich, es geht um ADHS. Seitdem der Große, der Teenager – wenn Baby Leo »Baby Leo« heißt, denke ich manchmal, dann sollte der Teenager Ryan »Teenager Ryan« heißen. Teenager Ryan – nee, Quatsch. Klingt doch doof. Also nur Ryan. Ryan hat eine ADHS-Diagnose, und seitdem lese ich alle Bücher, alle Artikel darüber, die ich finden kann, und das sind viele, ich habe ’n Kindle. Und ganz oft denke ich beim Lesen der Symptombeschreibungen: »Aber das ist *normal*, oder? Alle fühlen sich so? Oder?« Und deswegen denke ich, dass ich vielleicht undiagnostiziertes ADHS habe – und das Problem damit ist, dass ich deswegen nicht die Mental Load übernehmen kann. Ja, ich mache den Haushalt, ja, ich bringe Baby Leo ins Bett und er, mein Freund, liegt auf dem Sofa und chillt, ja, ja, ja, er schläft aus und ich putze und koche und beschäftige und füttere und gehe auf den Spielplatz und komme zurück und er schläft immer noch aus – aber ich weiß oft nicht, wo die Tücher jetzt wieder hin sind, und ich bin mir nicht sicher, ob genug Küchenrolle da ist. Ich bin im Kaufland und ich denke: Haben wir zu Hause Küchenrolle?, und ich habe keine Ahnung. Manchmal denke ich tatsächlich, wenn ich diese Mental Load übernehmen könnte so wie andere Frauen, dann würde mein Freund tatsächlich ein bisschen mehr bereit sein, aufzustehen und mitzumachen, als jetzt. Manchmal denke ich, er bestraft mich, weil ich die Mental Load nicht übernehmen kann. Ich bin schrecklich. Ich putze schnell und organisiere schlecht, als ob ich Angst vor dem Versagen hätte, anstatt einen durchorganisierten deutschen Plan und eine saubere, nette Wohnung zu haben.

Und dann denke ich manchmal auch: Es ist wegen Periodenblut. Dieses eklige, dunkle Blut, das Männer nie haben. Sie müssen Videospiele spielen oder Vampirfilme gucken oder Gangster werden, um so viel Blut zu sehen. Sie finden dieses Blut so eklig, und deswegen sind Frauen so schmutzig, deswegen müssen wir putzen, und immer alleine. Es ist Strafe, weil wir sie anekeln, und warum sollten sie die Toiletten anfassen? Deswegen müssen Frauen auch ihre Haare wegrasieren und sich ordentlich und sauber machen – Männer dürfen wie Obdachlose aussehen, sind aber nie eklig. Ja, ich bin mir sogar ziemlich sicher, es ist alles wegen dem Periodenblut, und wahrscheinlich ist auch deswegen das Wort für schlechte Hausfrau und eine Frau, die gerne fickt, dasselbe. Weil Männer unterbewusst denken, dass der Schmutz bei uns beginnt, dass der Schmutz von uns kommt.

Ich komme zurück in die Küche und seufze. »Fucking hell«, sage ich. Ich hatte irgendwie beim Ins-Bett-Bringen vergessen, wie schmutzig die Küche ist.

»Was ist los?«, sagt mein Freund aus dem Wohnzimmer.

»Ach nichts«, sage ich. Ich gucke den Haufen von Geschirr an, den Haufen schmutziges Geschirr, und seufze noch mal.

Ich laufe ins Wohnzimmer und sage: »Ich gehe mich jetzt duschen, ich mache die Küche sauber, wenn ich fertig geduscht habe.«

»Okay«, sagt er.

»Hey«, sage ich. Merke plötzlich, dass ich doch besoffen bin. Nach nur einem Glas Weißwein. Oder waren es zwei? Aber immerhin ein gutes Zeichen, ich kann nicht Alkoholikerin sein, wenn ich so schnell besoffen werde, oder?

»Was?«, sagt er.

»Denkst du, dass du denkst, dass der Schmutz, den ich verursache, eklig ist, aber der Schmutz, den du verursachst, ganz schnell weggewischt werden kann, so nebenbei, weil ich aus der Muschi blute?«

Er sieht ein bisschen verwirrt aus.

»Wie kommst du darauf?«

»Na ja«, sage ich. »Weil du denkst, dass Frauen unrein sind, weil sie bluten. So unterbewusst. Aber vielleicht auch wegen dem Kinderkriegen. Die Kinder kommen immer nur von Frauen, die bluten. Wegen diesem Blut kommen die Kinder, ne, und sie kacken und so, und ab und zu schmieren sie Kacke an die Wände.«

Er sieht jetzt irgendwie ziemlich genervt aus.

»Hat Baby Leo Kacke an die Wände geschmiert?«

»So metaphorisch«, sage ich und hebe eine Schokoriegelpackung auf. »Ich denke nur, warum ist dein Schmutz schnell weggemacht und der Schmutz, den ich verursache, indem ich koche, zum Beispiel, so eklig? Ich glaube, wegen Periodenblut. Bestimmt. Die Hindus sollen dann gar nicht putzen, weil sie so unrein sind, wusstest du das? Wenn sie ihre Tage haben. Aber bei uns im Westen ist es so: Die Strafe dafür, dass du blutest, ist, dass du putzen musst und der Mann chillt. Aber eigentlich seid ihr Männer nicht so rein, wie ihr denkt, ehrlich gesagt stinken eure Eier manchmal!«

Ich liebe es, ein bisschen besoffen zu duschen. Die Wahrheit ist, ich liebe es, ein kleines bisschen besoffen zu sein. Vielleicht bin *ich* total depressiv, nicht mein Freund.

Als ich rauskomme aus der Dusche, ist die Küche perfekt sauber. Was ist passiert? Warum hat mein Freund saubergemacht? Dann verstehe ich: Er hat meine These mit dem Periodenblut als Vorwurf verstanden! Alles ist weg, alles ist perfekt, ich glaube, der Boden ist sogar gewischt. Wahrscheinlich haben die Leute, die die Tipps bei Frauenzeitschriften schreiben, doch Recht: Ich musste nur meinen Freund fragen, ob er mir helfen möchte, und dann macht er es gerne und wir müssen uns gar nicht streiten. Fucking hell, irgendwie deprimierend, dass es so leicht für uns sein könnte, wenn ich nur normal wäre. Vielleicht.

Die Ehre der Mütter

Mein Kumpel Jens ist vorbeigekommen, um babyzusitten. Um zu babysitten? Um babyzusitten.

Wir stehen im Wohnzimmer und starren meine Waschmaschine an, als ob wir im Aquarium wären und sie ein toller großer Hai.

»Gott sei Dank funktioniert sie wieder!«, sagt er. Ich habe ihm ungefähr tausend weinende Voiceclips geschickt, in denen ich über meine Waschmaschine heule. Wahrscheinlich freut er sich, dass dieses Drama vorbei ist.

»Ja«, sage ich. »Das ist das Schönste, was mir jemals passiert ist!«

»Du übertreibst immer!«, sagt er. »Wir Deutschen übertreiben nie.«

»Nie?«, frage ich.

»Fast nie«, sagt er. »Aber wahrscheinlich denkst du, das Schlimmste, was dir je passiert ist, ist, dass die Waschmaschine kaputtgegangen ist?«

Baby Leo gibt Jens ein kleines Auto.

»Auto«, sagt er, mit einer sehr ernsten Stimme, als ob dies ein sehr wichtiges Geschenk wäre.

Jens antwortet auf Englisch, was mich ein bisschen nervt. Er behauptet, dass Baby Leo kein Deutsch versteht, aber ich denke, die Wahrheit ist, dass Baby Leo überhaupt kaum was versteht und er wird nie lernen, wenn man nicht irgendwann mal anfängt, mit ihm Deutsch zu sprechen. Außerdem nervt es mich ein bisschen, dass die Deutschen in der letzten Zeit so viel Englisch mit meinen deutschen Kindern sprechen, sogar mit Ryan an der Kasse. Wenn sie hören, dass er mit mir Englisch spricht, reden sie auch Englisch, was denken die, dass wir Touristen sind? Was soll das! Die ganze Zeit darüber lästern, dass die Ausländer schlecht Deutsch sprechen, aber nie dafür sorgen, dass sie schön Deutsch lernen. Die Deutschen sollen aufhören, so viel AfD zu wählen, und anfangen, sich selbst zu lieben. Vielleicht sollte ich eine politische Partei gründen: SfD: Selbstliebe für Deutschland.

»*Yes, a nice car*!«, sagt Jens in seinem komischen Oberschichtsschulenglisch, er klingt wie ein General in einem Agatha-Christie-Buch: »*A red car, a nice red car*!«

»Nein!«, korrigiert Baby Leo, sehr streng. »Nein Car. Nein Car. Nein Car. Auto!«

Jens tut, was alle deutschen Menschen tun, wenn sie korrigiert werden, er nimmt es ernst. Er guckt mich panisch an: »Ist dieses Auto auf Englisch kein *car*? Was sollte man stattdessen sagen?«

Ich hebe Baby Leo auf und kuschele mit ihm, ignoriere Jens und flüstere liebevoll: »*Mummy says car, Daddy says Auto*.«

Baby Leo flüstert nicht liebevoll zurück. Stattdessen schreit er wütend: »NEIN! NEIN CAR! Auto! AUTO! Das Auto! Auto big. Big Auto.«

»Okay«, sage ich, setze ihn runter. »Ich glaube, er denkt, dass es zu groß ist, um ein *car* zu sein.«

»Solltest du ihn nicht korrigieren?«, fragt Jens, besorgter denn je. »Hast du das gegoogelt, ob das okay ist, wenn er so was denkt?«

Oh mein Gott, denke ich mir. Und die Deutschen übertreiben nicht! »Willst du Tee? Oder Kaffee? Oder Wein? Oder Bier? Ich habe Bier geklaut von der Volksbühne.«

»Jetzt kriegst du aber schlechtes Karma!«, sagt er.

»Nee«, sage ich. »Künstler dürfen immer klauen. Besonders von Veranstaltungsorten. Und außerdem kriegen Künstler nie schlechtes Karma.«

»Woher weißt du das?«, fragt er.

»Roman Polanski«, sage ich. Ich gehe in die Spielecke und hole alle deutschen Kinderbücher von Baby Leo raus. »Du kannst Baby Leo eine Gute-Nacht-Geschichte auf Deutsch vorlesen, oder?« Mein Handy klingelt. Facebook-Video-Chat. Meine Tante. »Meine Tante«, sage ich, und gehe in den Flur, um kurz mit ihr zu telefonieren.

Als ich zurück ins Wohnzimmer komme, spielen Baby Leo und Jens Autos. Baby Leo zeigt Jens, wie die Autos sich küssen sollen.

»Ist das normal?«, fragt Jens. »Hast du das gegoogelt? Ich kann mich nicht erinnern, ob das normal ist oder nicht.«

»Ich weiß nicht«, sage ich. »Aber früher hat er die Autos nur in langen Schlangen aufgestellt, so wie bei einem No-Deal-Brexit. Hey, meine Tante sagt, ich soll der Waschmaschinenfirma kein Geld mehr überweisen, wegen dem Bargeld, das ich dem Typen geben musste. Was denkst du?«

»Wenn du Tante sagst«, sagt Jens, auf seinem Gesicht ein vorsichtiger Blick, aus seinem Mund, weiß ich, kommt in einer Sekunde ein plumpes Fettnäpfchen, »meinst du eigentlich …«

»Ja«, unterbreche ich und rette ihn vor seinem Fehler.

Ich bin, wie gesagt, von zwei Frauen großgezogen worden, nur eine wusste nicht immer, dass sie eine Frau ist. Die Tatsache, dass sie eine Frau sein wollte, ist der Hauptgrund, weshalb sie sich getrennt haben, aber nicht der einzige. Nach der Scheidung hat meine Tante uns Kinder angerufen und gesagt, dass sie jetzt Tante genannt werden will. Nicht nur Daphne. Sondern Tante Daphne. Meine Halbgeschwister sind ihre leiblichen Kinder, es gibt trans Frauen in ihrer Rolle, die entscheiden, dass sie Mama oder Mutti genannt werden wollen. Ich weiß immer noch nicht genau, wie ich darüber denke, dass sie anders entschieden hat.

»Ich will nicht, dass ihr mich Mama nennt«, sagte sie damals, das ist jetzt echt lange her, am Telefon. Damals rief sie mich noch auf dem Festnetz an und nicht nur über Facebook auf dem Handy. »Eure Mama ist eure Mama. Ich werde ihr das nicht wegnehmen. Sie ist so eine tolle Mama gewesen. Sie hat so hart gearbeitet, so viel Arbeit geleistet. Ich will ihr nichts wegnehmen. Ihr habt eine Mama, und jetzt habt ihr eine Tante dazu.«

Die Wahrheit ist: Als meine Tante in der Vaterrolle war, hat sie nichts gemacht. Vielleicht wollte sie extramännlich erscheinen, oder vielleicht war sie wütend, in dieser Familienvaterrolle zu sein, wo sie doch spürte, dass das eigentlich nicht ihre Rolle war. Aber sie hat jedenfalls nichts getan. Einmal pro Monat gekocht. Nie die Kleidung gewaschen. Nie abgewaschen. Nie staubgesaugt. Sie hat mich ungefähr dreimal aus der Grundschule abgeholt, und einmal davon hat sie mich vergessen, und ich bin alleine nach Hause gelaufen. Wenn sie mal am Wochenende auf uns aufgepasst hat – und ich erinnere noch mal: meine Geschwister sind ihre leiblichen Kinder –, hat sie es immer Babysitting genannt.

Als ich klein war, waren die Verhältnisse, obwohl ich ein Stiefkind war, sehr klar. Meine Tante war »der Mann« und meine Mama war die Mama. Meine Tante verdiente Geld – nicht genug, wir waren immer pleite –, und meine Mama machte alles andere und noch dazu sollte auch sie Geld verdienen.

Und es kam nie infrage – niemals –, dass das Geld, das meine Tante bei dem Vollzeitjob verdiente, für Tagesmütter oder Kita oder sogar Babysitting ausgegeben würde. Das kleine Taschengeld, das meine Mama bei ihren Teilzeitjobs verdiente, musste die Kinderbetreuung finanzieren – und wurde dadurch fast vollständig weggefressen.

Meine Mama war wahrscheinlich eine schlechte Hausfrau. Sie war schlecht im Kochen, unser kleines Haus war immer unaufgeräumt, sie hat schon in den 80ern aufgehört zu bügeln. Unser Haus war immer voller Müll, voller Haustiere, voller Kinderspielzeuge, das Sofa immer voller Haufen von Wäsche. Sie war immer am Waschen, und niemand hat sich bei ihr bedankt – ich auf jeden Fall nicht. Einmal hat sie ein Fisch-und-Linsen-Curry gekocht oder versucht zu kochen. In meiner Erinnerung war es so ziemlich das Ekligste, was ich je gegessen hatte, und als meine Tante ihr sagte, es sei ungenießbar, und es in den Müll schmiss, stand meine Mama an der Spüle und heulte.

Jetzt ist meine Mama krank und meine Eltern geschieden, meine Tante eine Frau. Meine Tante pflegt meine Mama – mit Hilfe des Sozialamts – und kocht ihr jeden Tag Mittag- und Abendessen.

»Sie kann jetzt gut kochen, deine Tante Daphne«, sagte meine Mama neulich, als ich zu Besuch war. Ich fütterte sie mit einer Quiche – meine Eltern sagen dazu *flan* –, die meine Tante gemacht hatte.

»Ja«, sagte ich.

»Ich habe es gehasst«, sagte meine Mama. »Das Kochen. Für mich war es das reine Elend. Gemüse, Kartoffeln, Fleisch. Ich habe es gehasst. Fisch finden. Alles zusammenstellen. Heutzutage spinnen alle mit Avocados und Beeren rum, oder? Jede Nacht im Fernsehen. Quetsch quetsch mit einer Avocado, guckt mich an, ich muss Guacamole machen. Für mich war das ein Horror. Warum, denkst du, ist Daphne so gut im Kochen geworden?«

»Übung, oder?«, fragte ich.

Meine Mama sagte: »Ich denke, die Hormone helfen ein bisschen!«, und ich lachte bei der Vorstellung, stritt aber nicht, obwohl ich mir das überhaupt nicht vorstellen kann.

Ich denke an das Wort *Mama*, das Wort, das meine Tante nicht haben wollte. Es ist eine Ehre für die Frau, die dich geboren hat. Ich erinnere mich, als Ryan mich mal Jacinta genannt hat, es machte mein Herz kalt. Ich denke an die Streits in Blended Family Support Groups bei Facebook, wenn Stiefmütter dieses Wort ergattern wollen. Irgendwie ist dieses Wort so wichtig. Und irgendwie, denke ich, ist es vielleicht problematisch.

Ich denke an den Muttertag, dieses kitschige peinliche Feiern des Mutterseins. In Deutschland, Amerika und Australien ist der immer im Frühsommer, oder vielleicht Spätfrühling, in Großbritannien ist es ein älteres Fest, das in der Mitte der Fastenzeit stattfindet. Aber in Großbritannien wird es auch so kitschig gefeiert: rosafarbene Blumen, rosafarbene Karten, rosafarbene Geschenke, eine Tasse mit *World's Best Mum* drauf, Frühstück im Bett, eine Tasse Tee in der Badewanne. Muttersein ist dunkel und der Muttertag ist so Pastell. Man bedankt sich bei den Müttern, man erkennt an einem Tag des Jahres ihre Arbeit an. Man bedankt sich für die Anstrengung. Das Wort für gebären auf Englisch ist dasselbe wie für Arbeit – *labour* –, man bedankt sich bei den Müttern für die Arbeitsstunden, für ihre Mühe, für ihre Aufopferung, für ihre Erschöpfung. Man bedankt sich für ihre körperliche Arbeit.

Irgendwie finde ich Muttertag deprimierend. Ich verpasse immer den britischen und der deutsche lässt mich kalt. Versteht mich nicht falsch: Ich erwarte trotzdem die Blumen, die Karten, die Geschenke, die Anerkennung. Aber irgendwie ist die Arbeit der Mütter so tief und dunkel wie dunkelrotes Blut am Anfang der Periode und die Anerkennung dafür so hell und blass und süß und rosafarben, so dass es ein bisschen unbefriedigend ist. Wir würden wahrscheinlich alle rosafarbenen Blumen der Welt eintauschen gegen eine anständige Kindergrundsicherung – stellt euch vor, wenn es anständiges Kindergeld gäbe, könnten alle Frauenhäuser der Welt dichtmachen, denn direkt nach dem ersten Schlag könnte die Frau vom gewalttätigen Mann wegrennen und sofort eine tolle Wohnung finden. Wahrscheinlich ist es in Wahrheit so, dass es, wenn die Kindergrundsicherung anständig wäre, kaum noch Frauen gäbe, die mit Männern überhaupt zusammenleben würden!

Mein Baby kommt zu mir und gibt mir ein Auto. »Bus«, sagt er.

»Ich denke, du solltest ihn korrigieren!«, sagt Jens.

»*You think it's a bus, huh*?«, sage ich. Baby Leo gibt mir einen Zug. »Auch Bus«, sagt er. »Yeah?«, sage ich. »Also ich würde das googlen«, sagt Jens. Baby Leo gibt Jens einen Bus. »Das *car*!«, sagt er. »*I think it's a bus*!«, sagt Jens wieder in seinem komischen Englisch. »Auch Bus«, gibt das Baby zu. Vielleicht sollte ich tatsächlich korrigieren ab und zu, denke ich. »Bike, bus, car, choo-choo, bike, digger, Bagger AUTO!«, ruft er. »Er ist sehr verwirrt durch die zwei Sprachen«, sagt Jens. Das Baby fängt an, alle Busse, Autos und Züge, die es besitzt, in eine Schlange zu stellen.

»Warum wollte deine Tante nicht Mama genannt werden?«, fragt mich Jens.

»Sie wollte unserer Mama diese Mutterrolle nicht wegnehmen«, erkläre ich. Ich habe eine deutsche cis Freundin, die denkt, dass diese Entscheidung von internalisierter Misogynie zeugt, und dass ich da nicht mitmachen soll. Ich weiß nicht, ich will alle so nennen, wie sie genannt werden wollen, sogar wenn Inder sich Kevin statt Kavinder nennen wollen. Aber manchmal denke ich an meine Kindheit zurück, an die Arbeit meiner Mama, für die sie nie gelobt worden ist bis zu diesem Tag, an dem meine Tante ihr nicht das Wort Mama wegnahm – und ich frage mich, ist es wirklich eine Ehre? Ist nicht das Wort Mama ein anderes Wort für Sklavin?

Mutter sein ist das Schönste, was mir passiert ist, das ist keine antifeministische Propagandalüge. Wenn ich morgens aufwache und Baby Leo in mein Bett geklettert ist und ich furze, und er fragt, neugierig, Kacke?, und ich antworte: *No, Leo. Just a fart.* Und er nickt, zufrieden, und sagt: *fart* – es ist eine Ehre, dabei zu sein.

Es gibt jetzt mehr und mehr trans Papas, die auch die körperliche Arbeit des ersten Jahres und der Schwangerschaft durchmachen würden. Aber für die nähere Zukunft werden es die Mamas sein, die die Arbeitslasten auf ihren Schultern tragen müssen, in den ersten Jahren, oder besonders in dem ersten Jahr nach der Geburt. Schwangerschaft, Geburt, Stillen – alles körperlich erschöpfend. Ich finde, wir können das anerkennen, ich finde, wir sollten das anerkennen. Und dann denke ich trotzdem manchmal, dass vielleicht, wenn die körperliche Arbeit von Haushalt und Kinderbetreuung in den Jahren fairer verteilt wäre, vielleicht dieses Wort nicht so wichtig wäre.

Wenn ich ehrlich bin, ist die größte Verbesserung in meinem Leben gegenüber dem meiner Mama, was den Haushalt angeht, die bloße Tatsache, dass mein Freund meint, er sollte sich an den Kitakosten beteiligen, und dass es, wenn er auf Leo aufpasst, kein Babysitting ist. An Babysittingkosten beteiligt er sich aber nicht (deswegen müssen Freunde bei mir babysitten), sondern sitzt oben in Flensburg und kann jeden Abend der Woche ausgehen, entweder um Geld zu verdienen oder um einfach Spaß zu haben. Was ich unfair finde, ist nicht, dass er jeden Abend ausgehen kann und ich nicht, sondern dass er mir dabei vorwirft, nicht genug Geld zu verdienen.

»Ich versuche, vor elf zu Hause zu sein«, sage ich.

Jens zeigt Baby Leo, wie die Autos ein Rennen machen sollen. NEIN DANKE!, ruft Baby Leo. Das Wort *Danke* hat er in der Kita gelernt, und er sagt es sehr laut und unhöflich, wie ein deutscher Mensch auf der Straße, wenn man nicht sofort zur Seite geht, wenn er vorbei will.

Keine passive Hausarbeit

Mein Kumpel Jens ist heute wieder vorbeigekommen, weil er babysitten will. Na ja, vielleicht ist »will« hier ein bisschen übertrieben. Aber er ist bereit, das zu machen, was mich total freut.

Jens zeigt sich sehr überrascht, dass ich Baby Leo gerade ein Märchen vorlese.

»Meinen Kindern habe ich nie Märchen vorgelesen!«, sagt er stolz.

»Die Armen!«, sage ich gleichgültig.

Er guckt mich unsicher an.

»Aber Jacinta«, sagt er, »ich dachte, du, gerade du als Überfeministin würdest diese altmodischen sexistischen Geschichten ablehnen? Das sind so schlechte Rollenbilder, die den Kindern dort vermittelt werden! Die Prinzessinnen sind so passiv, machen nur Hausarbeit, und machen das sogar gerne! Und warten drauf, dass sie gerettet werden von so einem Prinzen!«

Jens' Einstellung gegenüber Märchen und den Rollenbildern, die sie vermitteln, finde ich nicht besonders originell oder ungewöhnlich. Die Idee, dass Märchen sexistisch sind, vielleicht sogar frauenfeindlich, ist weit verbreitet.

Im Dezember 2012 sagte zum Beispiel sogar die damalige Frauenministerin, Kristina Schröder, dass sie Grimms Märchen für »sexistisch« halte. »Da gibt es selten eine positive Frauenfigur«, sagte sie im Interview mit der *Welt*, und deswegen hatte sie vor, »auch (!) andere Geschichten mit anderen Rollenbildern« vorzulesen.

Der Shitstorm, der darauf folgte, war genauso sinnlos wie vorhersehbar. Da sie im selben Interview gewagt hatte zu sagen, dass sie das N-Wort nicht laut vorlas, brach Deutschland in kollektive Empörung aus. Es war echt lächerlich, muss ich sagen, sogar als Märchen-Fan, sogar für deutsche Verhältnisse. Denn wer bitteschön liest seinen Kindern NUR Grimms Märchen vor? Sogar jemand, der nur Märchen vorliest, würde ab und zu Andersen oder russische Volksmärchen vorlesen, nur zur Abwechslung! Und es liest niemand nur Märchen vor, alle Eltern lesen auch manchmal Bobo, Conni, Julia Donaldson … *Wo die Wilden Kerle wohnen*. Es wäre genauso albern, nur Märchen zu lesen, wie nur bei McDonald's zu essen oder nur Britney Spears zu hören. Und dass eine Familienministerin das macht, weil sie ihren Kindern verschiedene Vorbilder geben möchte: Ist das echt so empörend?

Die britische Schauspielerin Keira Knightley hat auch eine ambivalente Beziehung zu Märchen, sie hat nicht alle Märchen aus dem Kinderzimmer verbannt – aber »Aschenputtel« und »Die kleine Meerjungfrau« schon. »Ich bin sehr vorsichtig mit Märchen bei meinem Kind, weil ich die Botschaft nicht mag, die sie vermitteln« erklärte sie 2019 *USA Today*.

Und in einem Bustle.com-Artikel – »5 Ways Fairy Tales Affected You Without You Even Realizing It« von 2016 – behauptete die Journalistin Claire Warner, dass Märchen uns mehr beeinflusst hätten, als wir es wahrnehmen:

»Während Männer im Märchen ihren Wert beweisen, indem sie zeigen, dass sie körperlich stark sind – auf Gralsuche gehen oder Glasberge erklettern –, bleiben den Frauen nur typisch ›weibliche‹ Aktivitäten wie Kochen oder einfach nur Rumsitzen und schön Aussehen … Vielleicht scheint das gar nicht so wichtig, aber in einer Welt, in der Frauen die meiste Hausarbeit machen, ist es nicht gerade hilfreich, diese Vorstellung so mit Märchen zu unterstreichen.«

Der Hauptvorwurf an Märchen ist also: Die Frauen und Mädchen in Märchen sind passiv, machen nur – und gerne – Hausarbeit, und warten darauf, von einem Prinzen gerettet zu werden.

Also, den Vorwurf von Frauenfeindlichkeit finde ich ziemlich fair. Die böse Stiefmutter, die Königin, eigentlich eine Hexe, die Babys frisst, so wie bei den »Drei Raben« oder »Zwölf Schwänen«, das ist noch schlimmer als der frauenfeindlichste Mist, mit dem jemals in der Boulevardpresse eine Hartz-IV-Mama oder sogar Meghan Markle beworfen wurde. Und der Tod der Königin in »Schneewittchen«: gewalttätiger und hässlicher als Quentin Tarantinos schlimmste Phantasien – sie muss auf der Hochzeit ihrer Stieftochter mit dem Prinzen in eisernen Schuhen im Feuer tanzen.

Ob die Tatsache, dass die Protagonistinnen in Märchen meistens hübsch oder sogar schön sind, an sich sexistisch oder frauenfeindlich ist, weiß ich nicht. Wenig hilfreich ist jedenfalls, dass »schön« und »brav« immer gleichgesetzt wird. Und »schön« und »blond« heißt in englischsprachigen Märchen beides *fair*, was ich als rassistisch, aber nicht als sexistisch empfinde. Ich finde es aber ein bisschen unfair, das Märchen an sich vorzuwerfen – niemand hat uns verboten, unseren Kindern indische oder andere Märchen vorzulesen.

Märchen sind also sicherlich nicht unproblematisch, aber zu sagen, dass die Protagonistinnen passiv sind und »gerne« Hausarbeit machen, während sie auf einen Mann warten, der sie rettet, ist ziemlich unfair. Macht Aschenputtel etwa gerne ihre Hausarbeit? In der Disney-Version vielleicht, aber eigentlich geht es in dieser Geschichte darum, dass sie ihre Hausarbeit gerade *nicht* machen will, sondern zum Ball gehen, tanzen, schön sein. In der englischen Version, »Cap O'Rushes«, ist sie sogar gar nicht passiv, sondern schmeißt absichtlich einen Ring, den der Prinz ihr geschenkt hat, in die Brühe. Und ich finde, dass in vielen Märchen, in denen Protagonistinnen Hausarbeit machen müssen – und eigentlich ungern machen –, sie diese Hausarbeit sehr unpassiv nutzen, um sich zu befreien, von der Armut, aus dem Elend – oder manchmal sogar aus einem echten Turm.

Mein Lieblingsmärchen ist zweifellos »Rapunzel« – ein Märchen, in dem Schwangerschaft zweimal vorkommt (in der ursprünglichen Version dreimal). Aus Heißhunger verkauft Rapunzels schwangere zukünftige Mutter das neugeborene Baby an die reiche Hexe, die nebenan wohnt und Salate zieht. In der ersten Version der Geschichte, die die Grimms veröffentlichten, findet die Hexe heraus, dass Rapunzel mit einem Mann geschlafen hat, weil das Mädchen sie fragt, warum ihre Taille so dick geworden ist. In der Version, die wir unseren Kindern vorlesen, unterläuft Rapunzel nur noch ein Freudscher Versprecher, sie verplappert sich. Und als der Prinz und Rapunzel sich wiederfinden, im Wald, hat sie Zwillingsbabys auf der Hüfte – vielleicht ist das Wort »vorkommen« hier ein bisschen übertrieben, aber wer Zwillingsbabys trägt, hat auch geboren, alleine im Wald.

Ich finde nicht, dass Rapunzel brav und passiv auf Rettung wartet. Ja, eingesperrt im Turm, bevor sie den Prinzen kennenlernt und dadurch Männer und ihre eigene Sexualität, weiß sie gar nicht, dass sie befreit werden kann oder soll. Aber sofort nachdem sie den Prinzen kennengelernt hat, macht sie MIT ihm GEMEINSAME Pläne darüber, wie sie sich befreien könnte. Und dann benutzt sie Hausarbeit – ihre Näh- und Flechtkünste, um JEDEN TAG ihrem Ziel von Freiheit näherzukommen.

Okay, es stimmt, der Prinz hätte ihr einfach eine Holzleiter bringen sollen, um ihre Flucht ein bisschen zu beschleunigen. Und es stimmt, dass sie jeden Tag auf seine Ankunft warten muss, um mehr Seide zu bekommen, um weiter an ihrer Fluchtstrickleiter zu arbeiten. Sie ist also auf ihn angewiesen. Es ist ein doofer Plan, aber kein passiver. Und ich finde, wer alleine im Wald gebärt und sich und seine Kinder von Früchten und Nüssen ernährt, ist nicht passiv.

Hier wird traditionell Weibliches von einer gefangenen Frau genutzt, um sich aus ihrem Gefängnis zu befreien. Wegen IH-

RES Fehlers wird sie nicht befreit, sondern aus ihrem Turmverlies verbannt. Und ich finde auch nicht, dass der Prinz sie rettet. So gar nicht. Sie rettet ihn, indem sie ihm sein Augenlicht wiedergibt mit ihren Salztränen – sie rettet ihn viel mehr, als er sie rettet, und ich vermute, dass alle, die glauben, die Protagonistinnen in Märchen seien passiv, einfach die Handlung von »Rapunzel« vergessen haben.

Dass man traditionell weibliche Arbeit benutzen kann, um sich zu befreien, kommt auch in »Hänsel und Gretel« vor, eins von vielen Märchen ohne Prinzessin übrigens. »Hänsel und Gretel« ist unglaublich frauenfeindlich – warum will die Hexe Hänsel und nicht Gretel essen? Ich habe das immer komisch gefunden. Und die Tatsache, dass die Stiefmutter vorschlägt, die Kinder sterben zu lassen, und der Papa macht mit, ist moralisch unschuldig – das finde ich sehr fragwürdig. Wie viel Macht hat diese Frau denn über ihn? Ich finde ihn eigentlich schlimmer als die Stiefmutter – es ist sein Fleisch und Blut, das er versucht zu töten, er ist derjenige, der versagt in seiner Elternrolle. Die letzte Seite von »Hänsel und Gretel« macht mich immer sehr wütend: Wie er sich freut, seine Kinder mit geklautem Gold und geklauten Juwelen zu sehen – und wenn sie ohne finanzielle Absicherung nach Hause zurückgekehrt wären, würde er vielleicht noch mal einen »Spaziergang« organisieren, oder was? Arschloch, echt ey.

Aber ist Gretel passiv? Ich mag diese Geschichte trotz des Fake-Happy-Ends deswegen so sehr, weil die Kinder gar nicht passiv sind, sondern immer am Tricksen. Hänsels Idee mit den Steinen ist so gut, die Idee mit dem Knochen noch besser – aber Gretels Idee, so zu tun, als ob sie basic Household Tasks nicht draufhätte, ist einfach genial. Auch Gretel macht nicht gerne Hausarbeit, und sie wartet nicht darauf, dass ein Mann oder ein Prinz sie rettet. Sie benutzt die Tatsache, dass sie Hausarbeit machen muss, um sich selbst zu befreien und um ihren Bruder zu retten. Und vielleicht ist es brutal und frauenfeindlich, die Hexe im Ofen zu verbrennen. Aber ich muss zugeben: Mein feministisches Herz findet es trotzdem gut.

Wir können die Protagonistinnen in Märchen auslachen dafür, dass sie »nur« Hausarbeit machen – oder wir können anerkennen, dass sie oft so viele Skills, so viele Fähigkeiten in diesen Sachen haben, dass sie dadurch auffallen. Die Baba-Jaga-Geschichten sind sicherlich frauenfeindlich in ihrer Darstellung von Stiefmüttern, die Hexen als Schwestern haben und absichtlich ihre Stieftochter deswegen dort hinschicken, wenn der Mann weg ist – aber die Arbeit, die das Mädchen macht, ist schwere körperliche Arbeit. Und sie macht sie nicht gern – genau wie Aschenputtel muss sie Körner sortieren. Sie macht es NICHT gern. Und wird dafür belohnt, dass sie es trotzdem gut macht und auch ein gutes Herz hat.

Mein zweitliebstes Märchen ist die englische Version von »Rumpelstiltskin«. Im deutschsprachigen »Rumpelstilzchen« prahlt ein Müller, nur weil er angeben will, dass seine Tochter Stroh zu Gold spinnen könne. Hier sieht man, dass Hausarbeit nicht unwichtig ist, sondern dass sich die Geschichte darum dreht. Er gibt an mit den Fähigkeiten, mit den Hausarbeitsskills seiner Tochter – und bringt sie dadurch in Lebensgefahr. Ich finde auch, dass die Müllerstochter, bzw. neue Königin, später für ihre Rettung selbst verantwortlich ist.

Die englische Version ist fast genau gleich, fängt aber lustiger an. Die böse Fee heißt Tim Tat Tot. Eine Frau backt fünf Kuchen – und ihre Tochter frisst die alle weg an einem Tag (aus einem doofen Missverständnis, aber auch, weil sie gierig ist, denke ich!).

Die Mama ärgert sich – und welche Mutter kann das nicht nachvollziehen – und versucht, ihren Frust loszuwerden, indem sie ein wütendes Spottlied über ihre Tochter singt:

My darter ha' ate five, five pies today.
My darter ha' ate five, five pies today.

Ein König läuft zufälligerweise an ihrem Garten vorbei, hört das Lied und fragt: Was singst du da? Die Mutter schämt sich zuzugeben, wie viel ihre Tochter an einem Tag gegessen hat, und singt jetzt:

My darter ha' spun five, five skeins today.
My darter ha' spun five, five skeins today.

Allein wegen der unnatürlichen Fähigkeit dieser Tochter (auch wenn es eigentlich gelogen ist), fängt die ganze Geschichte überhaupt erst an. Ich finde es sehr wichtig zu betonen: Wer fünf Kuchen an einem Tag wegfressen kann, ist nicht »passiv«.

Die Ablehnung von Märchen ist angeblich eine feministische, feministisch begründet, und ich finde auch, dass die bösen Figuren in Märchen viel zu oft weiblich sind. Und niemand soll seinen Kindern ausschließlich Märchen vorlesen. Aber die Vorstellung, dass es in Märchen nur um Prinzessinnen geht, kommt davon, wenn man zu viel Disney guckt. (Disney mag ich auch, aber genau wie man nicht nur Märchen lesen soll, darf man nicht nur Disney gucken!) Aber ich finde, es ist ein Denkfehler, wenn man Märchen deshalb pauschal ablehnt. Sie sind eigentlich oft voll von tollen, klugen, tapferen, inspirierenden Frauenfiguren, und die beschäftigen sich mit Hausarbeit GENAU DESWEGEN, weil es oft das Einzige war, was Frauen machen durften. Sie sind nicht passiv, sie sind gefangen, und in vielen Märchen retten sie sich selbst und in manchen fängt die ganze Action nur an wegen eines Fehlers der Hauptfigur. Wer seinen Kindern keine Märchen vorliest, weil er nicht möchte, dass sie Frauen und Hausarbeit in Verbindung bringen, sollte in meinen Augen lieber Conni boykottieren oder *The Tiger Who Came to Tea*! Bei Märchen kann man den Kindern wenigstens sagen, dass die Frauen damals keine andere Arbeit machen durften. Bei *The Tiger Who Came to Tea* hat diese arme fucking Hausfrau echt keine einzige Freundin, die sie vielleicht spontan besuchen könnte, ihre Isolation muss unerträglich sein. Ich liebe Märchen, ich liebe es, dass durch die harte Arbeit und angeborenen Fähigkeiten oder Tugenden Menschen befreit werden können. Obwohl, es stimmt wirklich: Der Prinz hätte Rapunzel einfach eine große Holzleiter bringen sollen!

Und wisst ihr noch was? Die Art und Weise, wie man auf Deutsch Märchen beendet, ist einer der schönsten Sätze der Welt. Und bei meiner Heldin Rapunzel und ihrem Prinzen stimmt es noch mehr als bei allen anderen: Wenn sie nicht gestorben sind, leben sie noch heute.

Zum Putzen zwingen

Meine Mama war keine gute Hausfrau – sie ist eine gute Feministin gewesen (für die Achtziger) und ihr wisst, dass beides zusammen unmöglich ist.

Man kann sein:
eine schlechte Feministin und eine schlechte Hausfrau (meine Freundin Zandra, ihr Schlafzimmer ein Ozean von Reizwäsche und alten Schwangerschaftstests und Selbsthilfebüchern);
eine schlechte Feministin und eine gute Hausfrau (meine Freundin Liese, die behauptet, sie putze einfach »gern« – YEAH RIGHT);
eine gute Feministin und eine schlechte Hausfrau (meine Freundin Diane, oh glückliche Frau! Sie ist so schlecht in Hausarbeit, dass sie nicht mal merkt, dass sie schlecht ist, und versteht gar nicht, wovon die Leute reden, wenn sie das schwierig finden!);

aber

niemals

niemals

niemals

eine gute Hausfrau UND eine gute Feministin – VERBOTEN! Um eine gute Hausfrau UND eine gute Feministin zu sein, müsste man kalt und perfekt sein wie ein Roboter aus Metall und kalt und hart wie ein Stück Stein.

Meine Mama kämpfte mit dem Haushalt, als ob der ein Drache wäre und sie ein Junge aus einem englischen Märchen. Sie kochte ihre Kartoffeln viel zu lang und machte nie Salz drauf. Sie hatte die Wäsche immer überall im Wohnzimmer hängen. Sie war immer am Arbeiten und ihre Arbeit war nie gut genug.

Einmal, an einem Tag, als ich keine Schule hatte, hat sie mir beigebracht, wie man Ornamente und Schränke und so weiter putzt. Man machte den Staub weg mit einem Tuch, und dann gab man Lavendelwachs darauf und rieb das rein. Ich fand, es roch lecker, und ich machte diese Arbeit gern. Damit es noch interessanter wurde, habe ich so getan, als ob ich in einer Werbung wäre: »Wenn mein Mann auf Arbeit ist«, sagte ich in die imaginäre Kamera, während ich wischte, »benutze ich das beste Lavendelwachs, damit alles gut riecht, wenn er nach Hause kommt!«

Meine Mama lachte. »So eine sexistische Werbung!«, sagte sie.

Ich versuche immer noch, mir das Putzen interessanter zu machen. Jetzt, als Erwachsene. Manchmal tue ich so, als ob ich in einer Gameshow wäre und innerhalb von 20 Minuten das gesamte Badezimmer fertig kriegen muss – dann gewinne ich eine Million Euro! Manchmal tue ich so, als wäre ich bei einer Reality-TV-Show und die heutige Challenge ist Putzen. Manchmal tue ich so, als wäre ich eine Instagram-Mommy und nehme einfach ein neues Video auf. Before and after! Tadaaaaaaa! Nur einfach putzen, weil saubergemacht werden muss – wer macht so was? Welche Psychopathen schaffen so was?

Am besten sind die Podcasts als Überlebensstrategie. Neulich fragte mich eine Freundin ohne Kinder, wer Podcasts hört, und ich sagte, ich glaube, dass es Hausfrauen sind, die gerade putzen, und ihre Augen leuchteten vor plötzlichem Verständnis. Ich höre mir beim Putzen viele Podcasts an:

Podcasts über *Friends*

Podcasts über Shakespeare

Podcasts über Ben Marlowe

Podcasts über LM Montgomery

Podcasts über Columbo

Podcasts über die Curly-Girl-Methode

Podcasts darüber, dass man die Curly-Girl-Methode doch aufgegeben hat

Podcasts über Beyoncé

Podcasts über die englische Sprache im 19. Jahrhundert

Podcasts über Kochen

Podcasts über Keto

und manchmal sogar

Podcasts darüber, wie man ein erfolgreiches Podcast macht.

Oft höre ich mir Podcasts übers Putzen an. Wie schafft man es, eine saubere Wohnung zu kriegen, ohne jeden Tag stundenlang zu putzen? Die Antwort lautet natürlich (was sonst?): Um fünf aufstehen und jeden Tag eine Stunde machen, und bevor man ins Bett geht noch eine Stunde Speedcleaning, und dann wird man nie nie nie nie stundenlang putzen müssen. Tadaaaa! DEINE WOHNUNG IST SAUBER!

Am öftesten höre ich mir aber Podcasts übers Reichwerden an. Ich denke, dass ich vielleicht, wenn ich reich wäre, meinen Freund immer noch lieben würde. Ich hätte eine eigene Wohnung für mich und er hätte eine eigene Wohnung für sich und wir hätten eine gemeinsame Wohnung zusammen und JEDES Mal, ich meine JEDES Mal, wenn er ein Arschloch wäre, würde ich abhauen und zwar sofort. Und ich glaube nicht, dass er mich mehr oder weniger lieben würde, wenn ich reich wäre und meine eigene Wohnung hätte. Die Liebe würde gleich bleiben.

Aber er würde anfangen, mich zu respektieren. Er hätte keine Wahl.

Außerdem hätte ich geile Urlaube und manchmal die Gelegenheit, mir neue Kleidung zu kaufen und meine Augenbrauen machen zu lassen. Ich sehe fünf Jahre jünger aus mit richtigen Augenbrauen.

Also putze ich und höre dabei Podcasts, die mir helfen sollen, reich zu werden. Viele Tipps sind total praktisch und hilfreich: Schreibe alles auf, was du ausgibst, und alles, was reinkommt. Manches ist weniger praktisch, aber immer noch hilfreich: Bei Vollmond nimm einen Glas Rotwein und setze dich auf deinen Balkon und flüstere dem Mond zu: »Ich ziehe Geld an wie ein Geldmagnet!« Manches ist total bescheuert: Erzähle jedem, den du triffst, dass du schon reich oder zumindest wohlhabend bist, dann wird das Universum sich deiner imaginären Realität anpassen und nicht umgekehrt.

Was gut ist: dass die Podcasterinnen, die dir helfen wollen, Geld zu machen, denken, dass Putzen hilft. Das ist sehr gut für mich, denn ich kann mir sagen: Ich putze gar nicht, ich säubere Energie. Das ist die Idee der Geld-Podcasterinnen: Geld existiert nicht wirklich, Geld ist nur ein Symbol. Ein Symbol für Energie. Staub, was ist Staub? Staub ist Tod, Staub ist tote Haut, Staub ist tote, alte Energie. Um neue Energie einzuladen in dein Leben, musst du die alte Energie loswerden. Also sieh es nicht so, als ob du nur putzt – sieh das so, als ob du Geld einlädst in dein Leben. Fenster auf, Salbeikerze an, Räucherstäbchen auch und

SCHRUBBEN
SCHRUBBEN
SCHRUBBEN.

Irgendwie denke ich, dass wir Frauen sehr klug sind. Die Männer werden reich, indem sie Kriegsmaschinen bauen und verkaufen, indem sie andere Menschen ausbeuten und unterdrücken, indem sie den Planeten kaputtmachen. Die Frauen werden reich, wenn sie aufräumen, putzen und dabei Räucherstäbchen anhaben.

Der Teenager kommt raus aus dem Teenagerzimmer, ich mache meine Ohrstöpsel raus.

»Du putzt nur«, sagt er, vorwurfsvoll, »weil Thomas heute zurückkommt.«

»Stimmt nicht!«, sage ich. »Ich höre gerade einen Podcast, wie man Geld einlädt in sein Leben. Man muss alte Energie loswerden, um neue Energie einladen zu können. Und was ist Staub? Was ist Schmutz? Was ist Müll? Tot, tot, tot!«, sage ich.

Ryan lacht mich aus.

»Lach mich nicht aus!«, sage ich.

Er sagt: »Du lachst die Deutschen immer dafür aus, dass die sagen, sie mögen den Winter und lieben Schnee. Du denkst, sie reden sich das nur ein, um den Winter zu ertragen. Und jetzt erzählst du, dass du putzt, um Geld einzuladen in dein Leben!«

Ich höre nicht auf ihn. Stecke die Ohrstöpsel wieder in meine Ohren. Jetzt macht die Geld-Podcasterin positive Affirmations über Geld. Ich sauge Staub und wiederhole mit ihr: Das Universum schickt mir das Geld, das ich brauche. Ich lade neue Energie ein. Ich ziehe Geld an. Ich werde unabhängig. Geld erlaubt mir, unabhängig zu werden. Ich habe eine gute Beziehung zu Geld. Das Universum weiß, was ich brauche. Das Universum gibt mir alles, was ich haben möchte. Ich vertraue dem Universum.

Trotz der Lautstärke der Affirmations und des Staubsaugers merke ich irgendwas. Ich drehe mich um und gucke in die Küche. FEUER FEUER FEUER FEUER! Ein Feuer in der Ecke der Küche, wo ich Räucherstäbchen angemacht hatte, und die Flammen schlagen fast zur Decke! Und wir haben hohe Decken! Ein ganzer Korb brennt. Ich renne zum Feuer, greife mit der Hand rein in den flaming ball of fire, hebe den Korb auf, schmeiße ihn in die Spüle! Dann schütte ich Wasser drüber. Nach einer Weile geht das Feuer aus, dann geht der Rauchmelder an. Meine Hände tun weh. Mein Herz klopft.

Ryan kommt aus seinem Teenagerzimmer.

»Was ist passiert?«, fragt er.

»Ich glaube«, sage ich, atemlos, aufgeregt, »ich glaube, ein Räucherstäbchen ist auf ein Buch gefallen und das Buch in den Korb, und der Korb war mein Kreativitätskorb für die Collagen, die ich machen möchte, und deswegen war Klebstoff in dem Korb und ich glaube, es ist alles explodiert, und mein Gott, Ryan. Wir sind fast gestorben!«

»Du hättest uns töten können, Mama, mit deinem Hippie-Scheiß!«, sagt er fröhlich. »Wieso kannst du nicht normal putzen wie eine normale Frau?«

Ich muss gleich los, um das Baby aus der Kita abzuholen.

»Ich hole gleich Baby Leo ab«, sage ich. »Kommst du mit?«

»Nee«, sagt Ryan. Verschwindet wieder in seinem Zimmer. Ich nehme mir einen kleinen Schluck Rotwein. Mittlerweile bin ich so deutsch geworden, dass ich merke, wenn die Leute eine Alkoholfahne haben. Aber nicht, wenn es eine Knoblauchfahne ist, vielleicht passiert das nach vierzig Jahren Deutschland? Egal. Ich muss mich beruhigen.

Ich gucke die Blasen auf meiner rechten Hand an. Ich habe mich voll verletzt, ich hätte uns töten können. Es kommt mir so vor, als ob das Universum nicht möchte, dass ich eine gute Hausfrau werde. Ich denke, das Universum mag mich so, wie ich bin: eine faule, arme, schlechte Feministin. Und wisst ihr was? Eigentlich muss man immer auf das Universum hören. Das Universum will mich nicht zum Putzen zwingen. Das Universum will, dass ich damit aufhöre.

Das Universum ist klüger als ich.

Die Cleanfluencerinnen erobern die Welt

Ich habe ein Geheimnis: Ich muss mir immer Putztipp-Videos anschauen, bevor ich putzen kann, sonst kriege ich so Kopfschmerzen beim Putzen, genau da, hinter den Augen. Wenn mein Freund mich dabei erwischt, lächelt er gehässig.

»Inspiration geholt?«, fragt er sarkastisch.

Ich zucke mit den Schultern. »Sie ist Cleanfluencerin«, sage ich ihm. »Ich gucke Cleanfluencerinnen-Videos.«

»So unnötig«, sagt er. »Und sexistisch noch dazu, übrigens!«

Ich ignoriere ihn und stelle die Lautstärke höher. Ist mir doch egal, was er denkt.

Ich habe jetzt, glaube ich, jede Cleanfluencerin bei YouTube und Insta durchgeklickt – die englischsprachigen zumindest ... oder vielleicht doch nicht. Es kommen immer neue dazu.

Marie Kondo war die erste Putzexpertin, von der ich hörte, aber ich weiß nicht, ob sie wirklich als Cleanfluencerin gelten kann. Erstens ist sie, anders als die meisten Cleanfluencerinnen, die man bei Insta sieht, ohne die Hilfe der Social Media berühmt geworden. Kondos Werdegang klingt ziemlich altmodisch und professionell im Vergleich zu den YouTube- und Insta-Stars – sie arbeitete schon als Ordnungsberaterin, brachte dann 2011 ihr erstes Buch raus. Und noch dazu geht es Marie Kondo viel mehr um Ordnung, ums Ausmisten, ums Sortieren als ums Putzen.

Ich muss an den Besuch im letzten Sommer bei meinen Eltern denken. Sie sind Messies, glaube ich. Als ich versuchte, Papierkram meiner Mama zu sortieren, fand ich einen (britischen) BAföG-Antrag aus meiner Unizeit. Meine Tante hat tausende Bücher, zehntausende Zeitschriften, hunderttausende Zeitungen, zwei Klaviere, unendlich viel Krimskrams, mindestens dreißig Zangen, vierzig Perücken und eine Million alte Farbdosen, gefüllt mit Nägeln und Knöpfen. Wenn man sie fragt, warum sie die behält, sagt sie: »Just in case.« Und was ist der Fall der Fälle? Eine Zombie-Apokalypse vielleicht, oder der No-Deal-Brexit.

Im Garten gibt es eine Sammlung von »perfekt adäquatem Holz«, was man niemals wegschmeißen darf, ein Bobby-Car, das meine Tante im Skip gefunden hat, und eine rostige Baby-Badewanne, die mein Bruder mal benutzt hat. Und jetzt ist er so alt wie Amy Winehouse, als die gestorben ist. Nichts darf weggeschmissen werden, weil es irgendwann mal nützlich sein könnte.

Ich bin für meine Eltern Marie Kondo. Ich frage sie aber nicht, ob diese rostige Badewanne Freude bei ihnen weckt. Vielleicht sollte ich das mal.

Es gab schon eine Sendung wie die von Marie Kondo in Großbritannien, in den frühen 2000ern, *How Clean is Your House*: zwei Putzexpertinnen, eine abwertende, voreingenommene Frau und eine schockierte, schnell angeekelte. Sie gingen in die Häuser und Wohnungen der Unterschicht, die waren sehr schmutzig, versifft. Da haben sie Proben vom Teppich genommen und ins Labor geschickt – sie hatten immer böse Bakterien drauf. Dann zeigten die zwei Frauen den Ärmeren, wie man richtig putzt. Die Sendungen waren unterhaltsam, aber die Unterhaltung basierte auf der Misere der Armut und der Erniedrigung der Armen.

Aber Marie Kondos Sendung mochte ich gleich, und ich hatte das nicht erwartet! Der große Unterschied zum Boulevardformat ist: Marie Kondo geht nicht zur Unterschicht. Sie ist eine höfliche, zierliche Frau, die nur in die Häuser der Mittelschicht geht. Ja, es nervt zu hören, dass ziemlich reiche Menschen, die Putzhilfen bezahlen können, so »überfordert« von der Hausarbeit sind. Und trotzdem: Marie Kondo begegnet ihren Klient*innen auf Augenhöhe. Sie respektiert sie, und sie redet nicht von Ekel oder Bakterien, sondern von Gemütlichkeit und Dankbarkeit. Und dann fängt sie an auszumisten.

Ich habe auch darüber gespottet, über die Idee, dass man sich fragen soll, ob Gegenstände, die man nicht mehr braucht, Freude bei einem wecken. Clutterbug, die ich sonst so gut finde, war die Erste, die ich darüber lästern gehört habe. Dann kam die Sendung bei Netflix und alle haben darüber gespottet. Ich denke, ehrlich gesagt, dass unterbewusster Rassismus da mitspielt – der *weiße* Bildungsbürger ist beleidigt, wenn eine nicht-*weiße* Ausländerin die heiligen Bücher angreifen will, und hat eine unreflektierte Abneigung gegen die Spiritualität. Aber ehrlich gesagt, wenn man es genau anguckt, ist es nicht lächerlich.

Was ich außerdem sehr an Marie Kondo schätze, ist, dass es für sie selbstverständlich ist, dass Männer tatsächlich mithelfen sollen. Nicht nur helfen, sondern dass sie Verantwortung tragen sollen. Marie Kondo geht offiziell davon aus, dass die ganze Familie Verantwortung dafür trägt, das Zuhause aufgeräumt zu halten. Für sie ist Putzen nicht lächerlich.

Aber obwohl ich die Sendung mochte: Marie Kondo lebt in einer anderen Welt als meine Eltern. Ich stelle mir vor, wie sie meine Tante fragt, ob das perfekt adäquate Holz oder die alte Badewanne Freude wecken. Ich kann es mir kaum vorstellen. Für meine Eltern ist Freude zu wecken nicht wichtig. Sachen können *nützlich* sein, wir könnten sie irgendwann mal *gebrauchen*. Eine Nutzung dafür finden. Im Leben geht es nicht um Freude, sondern um Nutzen, ums Überleben. In Marie Kondos Welt gibt es Raum – Raum für Freude, Raum zum Atmen, Raum für die Gleichberechtigung. Und trotzdem habe ich nicht vor, mich auf dreißig Bücher zu reduzieren. Vielleicht bin ich doch mehr Messie als Marie.

Die »richtigen« Cleanfluencerinnen, die ich mir anschaue, sind alle *weiße*, freundliche Frauen. Clutterbug zum Beispiel. Clutterbug heißt eigentlich Cassandra Aarssen, kommt aus Kanada und ist eine Hausfrau, die früher »schlampig« gewesen ist – »Hey, I used to be a total slob!«, sagt sie oft in ihren Videos – und ADHS hat. Sie plaudert fröhlich über die Hausarbeit, gibt Tipps, und wenn man bis zum Ende guckt, gibt es immer so ein Easter Egg, wo sie was Persönlicheres erzählt: über ihre Probleme mit den Kindern oder kleine Streits mit dem Mann oder ihre Diätprobleme oder gar -erfolge.

Ihre Tipps sind oft sehr hilfreich und praktisch und manchmal ein bisschen bescheuert – dafür aber phantasievoll. Den Kindern Wischmopp-Sandalen basteln, zum Beispiel, und dann sollen sie mit den Füßen mitwischen – für mich wäre das wahrscheinlich zu verschwenderisch, aber ich kann mir vorstellen, dass das Kinder fürs Mithelfen begeistern würde. Clutterbugs Philosophie ist, dass man nie schrubben soll, und auch, dass jeder Mensch anders putzt – und anders organisiert und aufräumt. Sie hat Quizzes entwickelt, in denen man rausfinden kann, welche Art Clutterbug man ist – ich bin, glaube ich, ein Schmetterling –, ihr geht's darum, schnell und effizient zu arbeiten. Lieber jeden Tag zweimal halbherzig und schnell durchwischen als einmal pro Woche schrubben müssen. Sie sprüht und geht weg und kommt zurück und wischt. Irgendwie habe ich manchmal das Gefühl, wenn ich ihre Videos anschaue, dass ich eine gute Hausfrau sein könnte … Aber ich muss sagen, für jemanden, der sich als »slobby« oder sogar »lazy«, faul, bezeichnet, verbringt Clutterbug wirklich viele Stunden pro Tag mit Putzen.

Wie damals bei Blur und Oasis: Entweder ist man Clutterbug-Fan oder TOMM-Fan. Na ja, eigentlich ist man Team TOMM. TOMM heisst: The Organised Mum Method, und die Frau, die dahinter steckt, heißt Gem Bray. Gem ist kein reformierter Slob, aber ihr Programm ist ähnlich pragmatisch, realistisch, leicht einzusetzen. Gem ist dünn, brünett, nicht ganz so lustig wie Clutterbug vielleicht. »Ready to start cleaning smarter and not harder?«, fragt sie auf ihrer Website, genau wie Clutterbug verkauft sie die Idee, dass man weniger putzen und mehr schaffen kann, wenn man nur einen Plan hat (nur bedeutet dieser Plan leider viel und oft putzen!). Es gibt Jobs mit verschiedenen Levels, und jeden Tag macht man einen Level-1-Job und jede Woche einen Level-2-Job. Sie hat auch einen Boot-Camp-Plan.

Oh, was ich noch sagen muss: Beide, Clutterbug und TOMM, stehen früher auf, früher als ihre Kinder, früher als ihre Männer, beide sind im 5-a.m.-Club, beide sind im Grunde genommen sehr fleißige Hausfrauen.

Mrs Hinch ist der Künstlername von Sophie Hinchcliffe, einer jungen ausgebildeten Friseurin aus Essex (da, wo ich herkomme – zumindest in der Gegend). Bevor sie mit Insta zum Star geworden ist, hatte sie viele Jobs gemacht: Erziehungshelferin, Call-Center-Agentin, Kellnerin und eben Friseurin. Ihre Fans – und sie hat 3 Millionen Follower bei Insta im Januar 2020! – sind nicht nur Fans, sondern eine Armee – the Hinch Army. Sie ist glamouröser als Clutterbug und TOMM, mit ihren dicken blonden Haaren, schöner, aber ziemlich unnatürlich orangefarbener Haut, dicken rosafarbenen Lippen, viel Schmuck, viel Schminke. Sie plaudert viel in ihren Videos, aber bei ihr geht's weniger ums Zeitsparen als um Cleaning-Hacks, und mehr um Perfektion.

In Deutschland konzentrieren sich die Cleanfluencerinnen entweder aufs Mama-Sein – und Putzen gehört halt dazu –, ODER sie konzentrieren sich VOLL aufs Putzen und dann labern sie immer über ORDNUNG und AUFRÄUMEN und PUTZEN und REINIGEN. Sie versprechen gar keine neuen Systeme, wie man ohne viel Mühe eine saubere Wohnung kriegt, sondern fragen einen vorwurfsvoll, wann man zuletzt seinen Kühlschrank geputzt hat. Vielleicht bin ich unfair gerade, aber ich kriege bei deutschen Cleanfluencerinnen-Videos die Kopfschmerzen hinter den Augen, die ich normalerweise erst beim Putzenmüssen kriege. Aber ich denke, es ist nicht deren Schuld. Ich denke, es liegt vielleicht an dem Wort *Ordnung*. Ordnung ist so ein unglaublich unsexy Wort.

Oder vielleicht, vielleicht, vielleicht liegt es daran, dass Hausfrauen in Deutschland besser putzen und aufräumen können und der Bedarf einfach geringer ist? Na ja, so viel weniger ist es auch nicht: Clutterbug hat 400.000 Follower bei YouTube, TOMM 19.000 – und AlenasMomLife, eine deutsche Putz-YouTuberin, 17.000!

Und wie sexistisch ist dieses Phänomen? Frauen (es sind wirklich fast ausschließlich Frauen, die das tun, weshalb man das Gendern fast weglassen kann) putzen für andere Frauen. Sie geben Tipps dabei – Putzpläne und Tricks, wie man die Kinder dazu bringt, mitzuhelfen. Sie geben Rezepte für umweltfreundliche Glasreiniger. Sie empfehlen auch ab und zu Putz- und Aufräum-Strategien, die fast spirituell klingen:

»Putzen kann dir emotionale und mentale Stärke geben!«, erklärt Mrs Hinch in einem Video. Wie sexistisch ist es, dass Männer irgendwie nie diese Art emotionaler und mentaler Stärke brauchen?

Zumindest Clutterbug ist es bewusst, dass es als sexistisch angesehen wird, dass es wahrscheinlich sexistisch *ist*, dass es meistens Frauen sind, die putzen müssen. Sie gibt zynische, ermüdete Tipps, wie man es schafft, dass der Mann mithilft im Haushalt. Ihr ziemlich deprimierendes Fazit: Es lohnt sich nicht, das überhaupt zu versuchen. »Es lohnt sich einfach nicht! Du kannst keinen anderen Menschen ändern. Das Einzige, was du tun kannst – deine Realität akzeptieren!«

Eine Botschaft, die vielleicht sexistisch ist – aber, ich weiß nicht. Sind Frauen schuld daran, dass Männer nicht putzen wollen? Sind die Cleanfluencerinnen SCHULD daran? Gem Bray schätzt im Interview mit *The Guardian*, dass 10% ihrer Follower männlich sind – IST SIE SCHULD DARAN? Wer ist schuld daran, dass Männer nicht putzen? Die Frauen, die putzen müssen, weil Männer nicht putzen? Die Frauen, die anderen Frauen Putztipps geben, weil Männer nicht putzen? Sind die

Putztipps selbst schuld? Würde in einer Welt, in der es keine Putztipp-Videos gibt, mein Partner gerne das Badezimmer putzen? Schwer vorzustellen.

Ich weiß nicht, ob man diesen Cleanfluencerinnen und ihren Putztipps Sexismus vorwerfen kann. Vielleicht sind sie ein *bisschen* sexistisch. Aber vielleicht sind sie auch eine Art Überlebensstrategie?

Ich bin NIE die Art Feministin gewesen, die gedacht hat, dass nur Geld zählt. NIE. Wer Geld hat, hat Macht, so viel ist klar, und wenn Frauen Macht haben, sind sie dann automatisch Feministinnen? Quatsch. Ich glaube das einfach nicht. Denn das würde heißen, dass eine Frau, die mit Frauenhandel viel Kohle verdient, eine Feministin wäre. Ist Quatsch. Ich glaube das nicht.

Ich glaube auch nicht, dass alles automatisch feministisch sein muss, was eine Frau sich ausgesucht hat. Quatsch. Nur weil eine Frau entscheidet, bei Folterporn mitzumachen oder sogar Folterporn zu produzieren, heißt das nicht, dass Folterporn feministisch ist. Unsere Entscheidungen, die wir treffen, sind Teile von uns – und wir sind gar nicht frei, sondern die körperlichen und mentalen Ergebnisse unserer sexistischen, frauenfeindlichen und patriarchalischen Erziehung!

Also, dass Cleanfluencerin zu sein Geld bringt, und dass Cleanfluencerin zu sein eine Entscheidung ist, das reicht mir auch nicht als Beweis dafür, dass es *nicht* sexistisch oder sogar feministisch wäre. Ich sehe Cleanfluencerinnen wie Hausfrauen: Sie können Feministinnen sein, müssen sie aber nicht. Sie können Anti-Feministinnen und sexistische Vorbilder sein. Kommt drauf an.

Okay. Die folgenden Sachen finde ich nicht anti-feministisch:

Dass Frauen wollen, dass ihr Zuhause, ihre Wohnung, ihre Umwelt schön sind, dass sie sich wohlfühlen in der Wohnung. Dass Frauen über die Arbeit, die gemacht werden muss, um ein schönes Zuhause, eine schöne Wohnung, eine schöne Umwelt zu haben, kommunizieren – miteinander kommunizieren. Dass manche Frauen diesen Versuch, ein schönes Zuhause, eine schöne Wohnung, eine schöne Umwelt zu haben und darüber zu kommunizieren, so spannend und attraktiv und einfach NETT darstellen, dass sie damit Geld verdienen.

Es wäre leicht, denke ich, diese Frauen, besonders die Mamas, die Hausfrauen, die um fünf aufstehen und Tricks verbreiten, SIMPLE TRICKS und lustige LIFESAVING HACKS und so weiter benutzen, als arme Opfer zu sehen. Der lustigste Trick ist es, eine Frau dazu zu bringen, dass sie immer für dich putzt, der geilste Cleaning Hack ist es, einfach nie zu putzen. Oder? Aber ich bin mir unsicher, ob diese Sicht auf die Cleanfluencerinnen stimmt.

Es wäre auch voll leicht zu sagen, dass diese Bilder, diese Videos, die gepostet werden – Körbe voller Zitronen, glänzende weiße Böden, perfekte Fenster, perfekte Sofas mit einem Kissen – wenig mit der Realität zu tun haben. Sie haben so wenig mit der Realität zu tun wie die ganzen Bali-Kopfstand-Videos von glücklichen alleinerziehenden Parenting Influencers. Sie haben eigentlich nichts mit der Realität zu tun. Das ist eigentlich Propaganda, was da läuft, nur kommt sie nicht vom Staat.

Und es ist klar, dass diese Welt verlockend ist, im Vergleich mit dem schmutzigen Leben einer überstrapazierten Alleinerziehenden! Die Sauberkeit, die Ordnung, die rosafarbenen Kissen, die Zitronen in der Metallschale. Draußen gibt's nur Chaos. Es gibt braune Babys in Käfigen zum Angst machen, wenn du links bist, und arme hungrige braune Menschen, die den Westen überlaufen wollen, wenn du rechts bist, und für uns alle gibt es Viren und Terrorismus und Krieg, Chaos und Verwirrung. Zu viel Veränderungen, zu schnell. Shitstorms bei Twitter, von denen ständig behauptet wird, dass sie »nichts mit der Realität zu tun haben«, mit der Realität der echten Menschen –

dort draußen – aber die Wahrheit ist, finde ich, dass dieses Chaos, diese Wut, diese Freiheit und diese Erschöpfung bei Twitter unsere Realität doch gerade sehr gut spiegeln. Die Realität in unseren Köpfen. Und auch in unseren politischen Systemen.

Kein Wunder, wenn man erschöpft ist von dem Chaos, dass man Ordnung will. Wir haben genug von Chaos, und deswegen streben wir jetzt nach Ordnung. Die Wohnung ist ein privater Bereich, und der soll ordentlich sein. Die Wohnung bei Insta ist ein öffentlicher Bereich, und der muss ordentlich sein. Die Cleanfluencerinnen versuchen, Ordnung in der Welt zu schaffen.

Ich finde die Geldfrage interessant. Ich glaube wie gesagt nicht, dass nur, weil eine Frau mit etwas Geld verdient, das auch heißt, dass sie eine Feministin ist. Ich finde aber, dass es wirklich wenig Chancen für Hausfrauen gibt, Geld zu verdienen. Die Hausfrau wird dafür verachtet, dass sie kein eigenes Geld hat. Die Hausfrau, die Cleanfluencerin wird, ist deswegen nicht automatisch eine Feministin – aber in einer weniger sexistischen Gesellschaft würde sie das nicht machen müssen.

»Ich habe früher als Tagesmutter gearbeitet«, sagt Clutterbug, die jetzt, durch ihre YouTube-Videos, persönliche Beratungsservices und ihre Bücher ziemlich wohlhabend ist. »Ich verdiene jetzt viel, viel mehr als damals.« Die genaue Summe will sie nicht nennen, aber sie sagt, dass sie das sonst niemals hätte verdienen können.

Ja, die Cleanfluencerinnen erobern die Welt. Attraktiv, lustig, mit Wischmopp-Sandalen und Backpulver in der Hand. Ist es sexistisch zu akzeptieren, dass Männer nicht putzen – oder nur realistisch? Ich weiß es nicht. Aber es ist auch nicht besonders feministisch, so zu tun, als ob Männer putzen – und es dann doch alleine zu machen. Die Cleanfluencerinnen machen das Unglamouröseste der Welt glamourös. Sie machen das Private öffentlich. Sie machen sauber – und gleichzeitig Spaß.

Deutschlands neueste Cleanfluencerin

Wieder Streit mit meinem Freund – ist er noch mein Freund? Der Teen ist beim Papa. Ich packe das Baby ein und gehe Zandra besuchen.

Als ich ankomme, kommt sie runter zur Haustür, um mir beim Kinderwagenhochtragen zu helfen.

»Ich habe eine wichtige Entscheidung getroffen!«, ruft sie, aber bevor sie mir ihre Entscheidung beschreiben kann, fällt ihr auf, dass es bei der Haustür, im Eingangsbereich, einen neuen Indoor-Baum gibt.

»Ist der zu verschenken, was denkst du?«, flüstert sie.

»Der ist bestimmt nicht zu verschenken!«, flüstere ich laut zurück.

»Chee!«, sagt Baby Leo.

»Warum ist er da?«, flüstert sie zurück.

Jetzt sage ich laut und genervt: »Weil irgendein Nachbar von dir gedacht hat, dass der Eingangsbereich so schöner aussehen würde!«

Sie streichelt traurig die saftigen grünen Blätter – es ist wirklich ein sehr, sehr schöner Indoor-Baum.

»Noch schöner würde er in meiner Wohnung aussehen!«, seufzt sie. »Baby Leo, kannst du die Treppen schon alleine hochklettern? Halte seine Hand, Jacinta, dass er nicht fällt. Ich kann alleine den Kinderwagen hochtragen – ich mache so viel Fitness in der letzten Zeit, guck mal, wie stark ich geworden bin!«

Baby Leo zeigt ihr, wie er die Treppen steigen kann, und wie immer, wenn er bei Zandra ist, zählt er dabei. Er ist gut im Treppensteigen und schlecht im Zählen. Er wird vielleicht Legastheniker – aber für Mathematik. Wie heißt das? Dyskalkulie oder so was, klingt wie ein Land, in dem niemand zählen kann … Aber er zählt gerne. Er ist nicht sehr genau, dafür aber super leidenschaftlich.

»One THREE two one two SIX SIX SIX SIX eight nine SIX four five four five four five four five FOUR FIVE!«, ruft er begeistert.

»Wow, four five«, sagt Zandra. »That's a lot of stairs.«

Wir gehen in ihre Wohnung, den Kinderwagen stellen wir im Korridor ab, und halten es ungefähr sieben Minuten aus, dann machen wir Baby Bus an. Das Problem ist, dass Zandra viele interessante Sachen hat und Baby Leo sie alle anfassen will.

»Ich mache Baby Bus an«, sagt Zandra, ich bin beeindruckt, dass sie den Namen der Sendung schon kennt. Vielleicht wird sie irgendwann mal babysittingtauglich.

Baby Leo strahlt Zandras Laptop an und Zandra strahlt ihn an. Ich sitze hinter den beiden.

»Ein Kind zu haben ist voll anstrengend oder? So ein Mamaleben ist voll anstrengend. Superanstrengend. Ist echt anstrengend. Ich weiß nicht, ob ich das könnte.«

»Ja«, sage ich. Sie hat es gecheckt, denke ich.

»Und dann«, flüstert sie, »machst du einen Bildschirm an und es ist fast erträglich!«

Ich lache, sie hat's echt kapiert, denke ich.

Auf dem Bildschirm winken Babykrokodile ihrer Kacke zum Abschied hinterher.

»Winken da gerade Babykrokodile ihrer Kacke zum Abschied hinterher?«, fragt sie mich.

»Ja«, sage ich. »Lass uns Kaffee trinken.«

»Ich habe Wein da«, sagt sie.

»Es ist noch nicht Mittag«, sage ich.

Wir stehen auf und setzen uns in ihre Küche.

»Bist du dir sicher, dass dieser Indoor-Hausbaum dort unten nicht doch zu verschenken ist und der Zu-verschenken-Zettel ist einfach abgefallen?«, fragt sie.

»Nee«, sage ich. »Der ist richtig platziert, um allen zu gefallen, allen Menschen, die im Haus leben.«

»Warum macht man überhaupt so was?«

Ich verstehe die Motivation der Treppenhaus-Pflanzen-Spender auch nicht. In meinem letzten Wohnhaus hat irgendjemand eine traurige Spinnenpflanze auf die Fensterbank der 2. Etage und ein trauriges Boot auf die Fensterbank der 3. Etage gestellt. Es war nicht der Hausmeister, ich hatte ihn gefragt, er sagte, ein Nachbar müsse das gespendet haben. So komisch. Ich wäre zu geizig für so was. Ich würde jedes Mal, wenn ich vorbeiginge, wütend denken, dass ich für den Anblick dieser Pflanze bezahlt habe und alle Nachbarn, die schon aufgestanden wären, den Pflanzenanblick umsonst genossen hätten. Ich kenne mich.

»Ich bin zu geizig für so was«, gebe ich zu.

»Aber die Deutschen sind auch geizig«, sagt sie. »Ich glaube, dass das zu verschenken sein muss.«

»Zandra!«, sage ich, voll missbilligend. »Deine Nachbarn haben dir gerade erst vergeben, dass du sieben Jahre lang den Müll nicht getrennt hast.«

»Ja, stimmt«, sagt sie.

Zandra hat sieben Jahre lang nicht nur den Müll nicht getrennt, sondern gedacht, dass die Mülltonnen einfach verschiedene Farben hätten und man die Sachen in die leerste Mülltonne schmeißen sollte. Als sie dann angefangen hat, Möbel und Kleidungsstücke wegzuschmeißen, haben die Nachbarn sich zusammengetan und einen gemeinsamen Brief geschrieben. Sie haben ihn zusammen geschrieben, übersetzt, abgetippt UND in einen Umschlag gesteckt. Wegen dem Satz »sonst werden wir einen Anwalt informieren müssen« hat Zandra drei Tage lang rumgeheult, obwohl ich versucht habe, ihr zu erklären, dass deutsche Leute ihre Briefe immer so beenden, wenn sie sauer sind. Hat gar nichts mit einem Anwalt zu tun. Es bedeutet im Grunde genommen einfach »mit pissigen Grüßen« statt mit freundlichen.

Aber Zandra hörte mir nicht zu, kaufte teure Cookies ein von einem Hipsterbäcker, schmierte sich Teig auf die Stirn und ging von Tür zu Tür in ihrem Haus und heulte. Jetzt sind alle deutschen Frauen nett zu ihr und die Männer meiden sie wie die Pest. Die Nachbarinnen lächeln sogar, wenn ich komme, und sagen Sachen wie »Das wird Zandra so gut tun, dass du hier bist!«, als ob sie Krebs hätte oder so was.

»Eierlikör ist auch da«, sagt Zandra. »Ist Eierlikör wirklich alkoholisch, findest du?«

»Es ist noch nicht zwölf«, antworte ich, hart und kühl.

Ich denke immer, Zandra ist gar nicht deutsch, im Vergleich zu ihr bin ich fast total deutsch. Sie hätte vor drei Tagen aus dem Flugzeug gestiegen sein können. Sie hatte sich auch sieben Jahre lang nicht umgemeldet, und ich musste für sie einen Brief schreiben, den wir dann gemeinsam zum Meldeamt gebracht haben. In dem Brief erklärte sie, dass sie vergewaltigt worden sei, und außerdem könnte sie kaum Deutsch und wusste nicht, dass es hier eine Anmeldepflicht gab, und AUSSERDEM dachte sie, dass sie doch angemeldet wäre. Ich wollte das letzte Außerdem streichen – wenn sie dachte, dass sie angemeldet wäre, dann wäre alles egal, oder? –, aber sie zwang mich, das reinzuschreiben.

Und was ist dann passiert beim Amt? Ihre Wimpern, ihre Ohrringe, ihr Rouge, sie sah so seltsam aus, so seltsam und traurig, und heulte nur, und die Dame las den Brief und sagte: »Du armes armes Mädchen!« Dann sagte sie zu mir: »Warum haben Sie Ihrer armen Freundin das nicht erklärt, das mit der polizeilichen Anmeldung?«

Ich fühlte mich überdeutsch, als ich darauf antwortete: »Ich bin einfach davon ausgegangen, dass sie polizeilich gemeldet ist!«

»Du kriegst bestimmt keine Geldstrafe«, sagte die Frau. Im Auto auf dem Weg nach Hause flüsterte Zandra: »Weißt du, was die sagen würden? Alle, die mir nicht geglaubt haben? Sie würden sagen, dass ich die Vergewaltigungskarte gespielt habe!«

»Denk nicht daran, Zandra«, sagte ich. »Sprich nicht so, denk nicht daran.«

»Komm, Jacinta«, hat sie gesagt. »Stell dir vor, wie scheiße das wäre, vergewaltigt zu werden und du musst trotzdem die Geldstrafe beim Meldeamt zahlen!«

Jetzt zeigt Zandra auf die Küchenuhr und sagt: »12 Uhr. Lass uns eine Flasche Riesling aufmachen.«

Ich stehe auf und küsse Baby Leo auf die Wange. Er flickt mich weg, als ob ich eine nervige Fliege wäre. Ich gehe zurück in die Küche und Zandra gibt mir ein Glas Wein. Ich fühle mich plötzlich traurig. Ist es nicht traurig, dass man sich eigentlich nur dann eng verbunden mit Leuten fühlt, wenn man mit ihnen Drogen nimmt oder zumindest Wein trinkt? Ich hätte mich jetzt mit einer Mama-Freundin treffen können und wir hätten in einem Café sitzen und Kaffee trinken können, wir hätten eine, zwei, drei Stunden miteinander verbringen und dann nach Hause gehen können, und im Gespräch hätte ich alles gesagt, vielleicht, was ich jetzt Zandra sage – aber es hätte sich nicht so angefühlt. Dieses Gefühl, was ich gerade habe, kommt vom Alkohol. Dieses Gefühl, dass ich vielleicht nicht nach Hause gehen muss, dass Zandra mich braucht, dass ich vielleicht immer hier bleiben kann. Wie könnte man dieses Gefühl kriegen ohne Alkohol, denke ich, haben sie dieses Gefühl, die Latte-Macchiato-Mamas? Vielleicht brauchen sie es gar nicht.

»Wir sind keine Alkoholikerinnen«, sage ich, »weil es eigentlich schon Nachmittag ist.«

»Klar«, sagt sie. »Hey, ich wollte dir von meiner Entscheidung erzählen. Ich habe eine sehr wichtige Entscheidung getroffen.«

»Oh ja«, sage ich.

»Ich werde Cleanfluencerin«, sagt sie, ernsthaft.

Ich gucke sie an.

»Zandra, du hast doch eine Putzfrau!«, sage ich.

»Haben die doch alle«, sagt sie, und ich denke, dass das wahrscheinlich stimmt.

»Die Parenting-Influencers haben auf jeden Fall alle Nannys«, sage ich.

»Denkst du, dass meine Wohnung zu klein ist, um Cleanfluencerin zu werden?«

»Ja«, sage ich. »Ehrlich gesagt, ja.«

Sie seufzt. »Voll schade«, sagt sie. »Dann muss ich mir doch einen Job suchen.«

»Ja«, sage ich. »Ich muss Baby Leo was zu essen geben.«

»Was isst so ein Baby?«, fragt sie. »Ich habe glutenfreies Toastbrot da.«

»Perfekt«, sage ich und stehe auf.

»Ihr könnt hier schlafen, wenn ihr wollt«, sagt sie. Ich stecke das glutenfreie Toastbrot in den Toaster, dann drehe ich mich um. Plötzlich merke ich, dass ich weinen will.

»Ich weiß«, sage ich. »Ich weiß.«

#tradwife – Kinder, Küche, Kotze

Meine Gefühle gegenüber den Instagram-Putz-Gurus sind kompliziert. Voller NUANCEN. Ja, sicherlich ist es sexistisch, dass nur Frauen diese Videos machen. Sicherlich ist es sexistisch, dass fast nur Frauen diese Videos anschauen. Und ja, es ist deprimierend, dass Clutterbug sagt, es sei hoffnungslos, zu erwarten, dass dein Partner »mithelfen« würde.

Und es ist sicher auch ein Zeichen von Sehnsucht nach einer einfacheren, weniger chaotischen Welt, dass diese YouTuberinnen, diese Insta-Stars, gerade jetzt so beliebt werden.

Aber ich finde es trotzdem nicht nur schädlich, und ich finde, das Schlimmste am Hausfrausein – die Isolation, die Langeweile, die Einsamkeit – bekämpfen sie wunderbar.

Meine Gefühle gegenüber der #tradwife-Bewegung sind auch etwas kompliziert, ABER OHNE NUANCE. Nicht ein Hauch Nuance ist da. Es gibt keine Nuancen. Meine Gefühle sind stark und plump.

So fühle ich mich, wenn ich mir #tradwife-Videos oder Insta-Profile anschaue:

schockiert

angeekelt

wütend

übel

und, wenn ich ehrlich bin, ein kleines bisschen geil.

Der #tradwife-Lifestyle ist im Moment in aller Munde. Bei Instagram, aber auch bei YouTube und anderen Social-Media-Kanälen tauschen junge Frauen unter dem Hashtag #tradwife (traditional wife) Tipps und Tricks darüber aus, wie man den Ehemann verwöhnt, »als ob es 1950 wäre«. Und altmodische Medien, Zeitungen und Fernsehsendungen berichten darüber.

Ich finde die #tradwives ein kleines bisschen Nazi, und wenn ich das sage, meine ich nicht im Sinne von fanatisch, so wie man sagt, dass die Curly-Girl-Methode-Befürworterinnen oder die Stillpredigerinnen in Facebook-Still-Gruppen oder die Leute, die sehr auf Grammatik achten, ein kleines bisschen Nazi sind. Nee, ich meine ein kleines bisschen Nazi im Sinne von: Magda Goebbels ist deren Vorbild und so.

Zum Beispiel Alena Petitt, Großbritanniens berühmteste Tradwife. Als sie von der BBC interviewt worden ist, wurde sie nach den Ähnlichkeiten zwischen einer modernen Tradwife und der Idealfrau aus der NS-Zeit gefragt. Die Ähnlichkeiten sind kaum zu übersehen – die Frau soll gehorsam sein und zufrieden mit den Kindern –, aber Frau Petitt reagierte total unschuldig und ahnungslos: »Wirklich? Das habe ich gar nicht gewusst.«

Also total basic Allgemeinwissen über die Geschichte der Nazidiktatur fehlt ihr angeblich – aber dass die Version der Frau und des Lebens, die sie promotet, mit Nostalgie und brutalem Nationalismus zu tun hat, scheint ihr doch klar zu sein:

»Ich will, dass wir zurückkehren zu traditionellen englischen Manieren, Lebensstilen und Werten«, sagte sie der BBC. Die Sprache klingt nach Trump, und das kann kein Zufall sein. Diese traditionellen Werte promotet sie in einem YouTube-Kanal und E-Mail-Newsletter, The Darling Academy, und genau wie Trump schaut sie zurück in die schöne Zeit, als Großbritannien »great« gewesen ist: »Jene Zeit«, sagt sie, »wo du deine Haustür offen lassen konntest und wusstest, du bist in Sicherheit, eine Zeit, als du die Fremden auf deiner Straße persönlich kanntest.«

Der Subtext ist klar: Zu jener Zeit, als die Fremden auf der Straße nicht wirklich fremd, nicht wirklich gefährlich waren – weil sie *weiß* waren.

Ich finde es faszinierend heuchlerisch, dass Frau Petitt Selbstlosigkeit, Gehorsam, die Unterwerfung der Frau und Selbstaufopferung predigt, aber in ihrem eigenen Leben ganz klar, trotz Mangel an eigenen Einkünften, oft oder sogar immer die Hauptdarstellerin ist. Eine Unterstützerrolle hat sie nicht – genau wie vor 14 Jahren Eva Herman, irgendwie findet diese Frau, die ihr Leben angeblich selbstlos ihrem Mann und ihren Kindern widmet, irgendwoher die Zeit, um eine doch ziemlich erfolgreiche Karriere zu betreiben. Damals bei Eva Herman habe ich mich oft ziemlich antifeministisch gefragt, wer gerade auf Eva Hermans Kind aufpasste, während sie ihre Naziweibpropaganda in deutschen Fernsehsendungen verbreitete. Man muss sich dasselbe bei Frau Petitt fragen – ich glaube nicht, dass ihre Kinder verhungern oder ihr Mann mit ungebügelten Hemden zur Arbeit geht, finde aber, dass sie, wenn sie es ernst meinte mit der Unterwerfung, diesen Ruhm nicht suchen würde.

Was wollen die Tradwives eigentlich? Bei manchen Videos kriege ich das Gefühl, dass sie einfach keinen Bock auf einen

Vollzeitjob hatten. Lasst uns ehrlich sein: Da Männer nie 50% im Haushalt mitmachen, hat jede arbeitende Frau eigentlich so gut wie zwei Vollzeitjobs. Und auch für Menschen ohne Kinder, ohne Männer, ist die Vollzeitbeschäftigung oft sehr stressig, deprimierend und erschöpfend. Das Konzept von Lohnarbeit an sich abzulehnen ist eigentlich durchaus nachvollziehbar – aber diese Frauen wollen die Lohnarbeit ablehnen, ohne den Kapitalismus in Frage zu stellen. Zu feige, zu faul, zu bequem, um sich einen Lebensstil auszusuchen, der antikapitalistisch oder wirklich subversiv ist, kriechen sie zurück in die Vergangenheit – angeblich in die 50er Jahre, aber eigentlich in ihre eigene Kindheit, nur wird der Ehemann zum Papa: Frau Petitt klingt unglaublich kindisch, wenn sie beschreibt, wie ihr Ehemann auf sie »aufpasst«.

Die Cleanfluencerinnen und die Tradwives sind sich doch ziemlich ähnlich – und beide sind sicherlich ein Zeichen einer Gesellschaft, in der viele Menschen unter Burnout leiden und Angst haben und sich schützen wollen –, aber der große Unterschied liegt in dem Grund, aus dem sie tun, was sie tun. Clutterbug und Mrs Hinch tun es aus einer gewissen Notwendigkeit heraus, es geht ihnen ums Überleben, ums Kommunizieren, ums Hilfe geben und Hilfe holen – im Grunde genommen soll die Welt größer werden. Aber die Tipps und Tricks, die die Tradwives austauschen, sollen die Welt kleiner und vor allem *weißer* machen. Denn es geht bei ihnen um White Supremacy. Man muss verheiratet sein, um eine traditionelle Ehefrau zu sein, und eigentlich muss man mit einem *weißen*, gut verdienenden Mann verheiratet sein. Eine Lesbe in einer WG, eine muslimische Mama, eine Alleinerziehende, die nicht weiß, wo der Baby-Papa sich gerade befindet, eine Mama, die von Hartz IV oder Sozialhilfe lebt – egal, wie viel sie nähen, backen, putzen, egal, wie süß ihre 50er-Jahre-Kleider sind, egal egal egal, sie werden nie Tradwives sein. Tradwives sind stolz darauf, das Eigentum eines Mannes zu sein. Eines *weißen* Mannes. Es geht ihnen eigentlich darum, andere Menschen, die nicht *weiß* sind, die nicht reich sind, die nicht englisch sind, die nicht ORDENTLICH sind, auszuschließen.

Ich sitze im Wohnzimmer und gucke #tradwife-Instaprofile an. Meine Freundin Zandra schickt mir eine SMS: Sie will bei mir übernachten, denn ihr Nachbar hat gerade sehr lauten gewalttätigen Sex. Sie kommt vorbei, mit ganz viel Sushi und zwei Flaschen Biowein.

»Biowein«, sage ich missbilligend. »Deswegen bist du immer pleite.«

»Oh!«, sagt sie. »Ich habe übrigens rausgefunden, was diese zwanzig Euro pro Monat sind, die seit Januar immer abgebucht werden.«

»Und was ist es?«, frage ich.

»Offensichtlich habe ich einen Koalabären adoptiert an Silvester, als ich besoffen war«, sagt sie.

»Sind Koalabären so teuer?«, frage ich überrascht. »Für drei Euro pro Monat sponsere ich drei Esel in Brandenburg!«

Ich erinnere mich plötzlich, wie Ryan in der ersten Klasse nach Hause gekommen ist und einen Löwen adoptieren wollte.

»Wir können einen Löwen adoptieren«, sagte er und gab mir die Zettel für die Löwen-Adoption, so Formulare. Ich fing an, sie auszufüllen, ich war einverstanden.

»Super«, sagte ich.

Ich füllte aus und er guckte mir neugierig dabei zu.

»Wo wird er schlafen?«, fragte er. »Ich denke, vielleicht besser im Wohnzimmer, Mama, wenn er im Schlafzimmer schläft und dann plötzlich Hunger kriegt, kann es sein, dass er uns aus Versehen auffrisst.«

Ich hörte auf zu schreiben, guckte ihn an und bemühte mich sehr, nicht zu lachen.

»Der Löwe wird wahrscheinlich nicht in unserer Wohnung leben«, sagte ich vorsichtig und sanft.

»Wo wird er schlafen?«, fragte er.

»Er wird wahrscheinlich in einem Zoo leben. Wir schicken Geld, und dann kriegt er von unserem Geld nettes Essen. Heu oder so. Nee, nicht Heu. Was essen Löwen? Steak. Und wir kriegen eine Postkarte mit seinem Bild drauf ab und zu.«

Auf seinem Gesicht totaler Schock, komplette Enttäuschung, die wahre Verwirrung.

»Warum sollte man so was machen?«, fragte er verbittert.

Jetzt sitzen Zandra und ich auf dem Sofa, fressen Sushi mit den Händen (»so wie die Japaner es machen!«) und gucken #tradwife-Videos an.

»Warum zeigst du mir das?«, fragt sie.

»Findest du es nicht komisch?«, frage ich sie.

»Lass die Leute ihren Fetisch genießen!«, sagt sie und lacht, ich gucke sie schockiert an.

»Ist das ein Fetisch?«, frage ich sie. Ich will nicht zugeben, dass ich bei diesem Nazi-Kitsch fast geil werde.

Ryan kommt raus aus seinem Zimmer und setzt sich aufs Sofa.

Er sagt: »Hey, ihr esst ohne mich Sushi!«, und fängt an, sich ganz viele Avocado-Makis in den Mund zu stopfen. Ich überlege, ob Tradwives jemals Sushi bestellen oder immer selbst machen, und wenn ja, essen sie die mit den Händen, mit Stäbchen – oder mit Messer und Gabel?

»Hey, Ryan«, sage ich. »Kannst du dich daran erinnern, als du ein Kind warst, wie du gedacht hast, wir könnten einen Löwen adoptieren und er würde im Wohnzimmer schlafen?«

Ryans Mund voller Sushi sagt: »Halt die Klappe, Mutter, du hast als Kind deine eigene Kacke gegessen, warum erwähnst du das nicht? Was guckt ihr?«

»So tradwife-Zeug«, sage ich. »Bisschen Nazi.«

»Voll Nazi«, sagt er.

»Kennst du das?«, frage ich überrascht.

»Ich kenne die Memes«, sagt er. »Voll Nazi. Aber nur ein Witz, denke ich.«

Auf dem Bildschirm sagt Frau Petitt gerade:

»Wenn mein Mann sagt, dass wir kein Geld für Sofakissen haben, dann glaube ich ihm natürlich sofort, denn er weiß das am besten.«

»Kotz!«, sage ich.

»Du sollst kein Kinkshaming machen!«, lacht Zandra. Sie sagt zu Ryan: »Fäkalien sind ein gesunder Teil einer gesunden Sexualität und kein Grund, sich zu schämen.«

Ryan steht auf. »Weil ihr Social Justice Warriors so offen und tolerant und sexpositiv seid, deswegen sind die Konservativen ein bisschen Nazi geworden!«, sagt er und verschwindet in sein Zimmer.

»Kannst du mir den Wasabi geben?«, bitte ich Zandra.

»Bitte«, sagt sie.

»Manchmal«, sage ich, »tue ich so, als ob ich in einer BDSM-Beziehung wäre, und wir haben so ein Cleaning-Ding ausgemacht, und wenn ich nicht die ganze Wohnung richtig blitzeblank mache, bevor er nach Hause kommt, wird er mir mit einem Spaten auf den Popo schlagen. Um mich zu inspirieren zu putzen«, erkläre ich.

»Klappt's?«, fragt sie.

»Nee«, sage ich. »Es klappt nicht.« Ich glaube, die Wahrheit ist, sogar wenn ich *weiß* wäre, könnte ich keine Tradwife werden. Und das Traurige ist: Es fehlt mir dazu wohl mehr an Talent als an Unterwürfigkeit.

Mithelfen

Meine Mama und meine Tante schicken mir, aus dem Internet ausgedruckt, eine Family Chore Chart. Dabei eine Nachricht in der Handschrift meiner Tante: Fülle dieses Formular aus und klebe es an den Kühlschrank!

Es gibt tägliche Aufgaben, daily chores: mopping, sweeping, hoovering, washing-up, making the beds.

Und dann weekly chores: dusting, bathroom deep cleaning, ironing.

Und dann monthly chores: organizing the fridge, decluttering the bedroom, decluttering the kitchen, cleaning the oven.

Ich gucke diese Family Chore Chart an und zittere.

Irgendwie finde ich, dass mein Freund die Tatsache, dass mein Teenager helfen soll und gar nicht helfen will, gegen mich benutzt. Immer wenn ich versuche, meinen Freund dazu zu bringen, mir mehr zu helfen zu Hause, ruft er, sehr genervt: »Ryan macht auch nichts!« Manchmal fühlt es sich so an, als ob ich zwei Teenager zu Hause hätte, nicht einen Teenager und einen Partner.

Außerdem droht mein Freund, dass er den Teenager zusammenscheißen wird, und ich das nicht sehen will.

»Irgendwie«, sagt er, »liegt es in deinem Verantwortungsbereich, dass dein Kind in der Wohnung mithilft. Weißt du, was ich in seinem Alter alles gemacht habe?«

»Ja, aber ich rede von mir und dir. Vielleicht könnten wir das, was zu machen ist, 50/50 machen, und dann Ryan ermutigen, bestimmte Aufgaben zu machen, ohne dass es zum Streit kommt?«

Dann sagt er immer: »Du willst nicht sehen, wie wütend ich werde, wenn ich die Verantwortung für deinen faulen Sohn auch noch übernehmen soll! Dann wird hier jeden Tag geschrien, das sage ich dir!«

Dann mache ich am Ende doch alles alleine.

Die Wahrheit ist, ich finde meinen Freund viel fauler als meinen Teenager. Ja. Der Teenager macht im Grunde genommen fast nichts. Aber mein Freund macht überhaupt gar nichts, und das, obwohl das Baby sein Baby und er der Vater ist, nicht der Bruder. Der Teenager hat ADHS und ich gebe ihm deswegen keine Aufgaben. Ich habe in einem Buch gelesen, dass es sinnlos ist, damit in der Teeniezeit und noch dazu mit einem ADHSler anzufangen. Man soll nur erwarten, dass die mithelfen, wenn sie Bock haben.

Ich gucke die Family Chore Chart an. Vielleicht sollte ich das doch benutzen, ich weiß es nicht. Oder vielleicht ist es Quatsch, mit dem ADHS? Aber Ryan hilft mir eigentlich super oft – er macht jeden Tag irgendetwas, egal wie klein. Jeden Tag. An manchen Tagen bringt er nur den Müll runter. Aber oft kommt er mit mir einkaufen, oder geht alleine. Manchmal bringt er die Pfandflaschen zurück (und darf das Pfandgeld ausgeben). Jetzt, wo ich alles aufschreibe, merke ich doch, wie wenig er macht.

Ich habe einen Trick, um mehr Hilfe von ihm zu kriegen. Wenn wir einkaufen waren, frage ich ihn, ob er die Einkäufe wegpacken kann und das Hähnchen in den Ofen schieben, und ich gehe währenddessen mit dem Baby auf den Spielplatz. Das will er nie – er hat Angst vor Hähnchen – und zieht eine Grimasse und versucht mit mir zu handeln: Er nimmt das Baby für zwanzig Minuten auf den Spielplatz, ich räume die Einkäufe weg und stelle das Hähnchen an. Ehrlich gesagt wäre selbst so eine Hilfsbereitschaft von meinem Freund für mich eine Verbesserung. Wenn er zum Supermarkt geht, kommt er nach Hause, als wäre er gerade zehn Stunden im Bergwerk gewesen, schreit mich an, dass es keine Chilis gab und dass ich selber hingehen soll, wenn ich Sachen haben will, die gar nicht im Laden sind, und dann sitzt er auf dem Sofa, als ob er mich hasst.

Ach ja: Mein Teenager babysittet voll oft. Ich glaube, deswegen bin ich auch so entspannt wegen der Chores, das ist nicht nur wegen ADHS – sondern auch deswegen, weil er zumindest einmal pro Woche umsonst für mich babysitten muss. Dann macht er dem Baby was zu essen, liest ihm was vor, bringt ihn ins Bett und wartet, bis er einschläft. Okay, manchmal essen sie Döner und gucken Disney Channel. Aber es ist trotzdem eine große Hilfe für mich, ich spare viel Geld, und deswegen will ich mich nicht streiten über andere Aufgaben. Ich weiß, dass die Menschen mich zu soft finden. Ich weiß, dass ich zu soft bin.

Es ist fast 21 Uhr, mein Freund ist auf einer Veranstaltung, ich habe immer noch nicht die Küche fertiggemacht und das Baby ist noch wach. Mein Teenager kommt vom Kino nach Hause, er hat sich mit Freunden getroffen, hat nur Popcorn gegessen.

»Ich brauche Snacks!«, sagt er, superforsch. Mein Teenager braucht nie nur einen Snack. Er braucht immer eine Mehrzahl.

»Ich mache dir Spiegelei auf Toast«, sage ich.

»Oh ja«, sagt er. Er geht in sein Zimmer. Dann kommt sein Kopf wieder raus. »Kein Gemüse als Deko«, warnt er. »Keine Gurken, kein Basilikum, keine kleinen Tomaten!«

Er hat sich nicht so viel verändert, seit er ein zweijähriges Kind war, das ein Blatt Basilikum sehr höflich von der Pizza Mozzarella weggepflückt und ernsthaft und brav dem Kellner ausgehändigt hat mit den Worten: »Mann. Ich esse keinen Salat.«

»Kannst du mir einen Gefallen tun?«, frage ich ihn, als er isst.

»Was«, sagt er, sein Mund voller Ei.

»Kannst du die Küche aufräumen und putzen und so, und ich bringe Baby Leo ins Bett?«

Er seufzt, und ich sage »bitte«, und er sagt »okay«.

Als Baby Leo schläft, komme ich raus aus dem Schlafzimmer und die Küche ist perfekt. Brillant sauber, alles glänzt, alles ist richtig proper. Ich bin total beeindruckt. Ich skype mit meiner Mama und halte den Laptop so, dass sie sehen kann, wie gut die Küche aussieht.

»Die Küche sieht brillant aus!«, sagt sie.

»Ryan sollte öfter putzen«, sage ich.

»Du sollst diese Family Chore Chart ausfüllen und an den Kühlschrank kleben. Es gibt Platz für dich, für Thomas, für Ryan … für alle in der Familie.«

Ich seufze. »Ja, aber wenn Ryan sich nicht daran hält, wird Thomas ihn anschreien. Es ist schwer genug mit Ryan und seinen Problemen. Ich denke, so wie ich es jetzt mache, hilft er mir mehr.«

»Wie machst du es jetzt?«, fragt meine Mama. Ich weiß, was sie denkt: Ich weiß ganz genau, warum meine Eltern mir diese Family Chore Chart geschickt haben. Weil ich zu soft bin. Weil sie denken, dass ich viel zu soft bin.

»Na ja, ich versuche, das Gefühl zu vermitteln, dass ich gerne putze und die Wohnung und meine Familie pflege und so, dass ich daran Spaß habe, weil man das tun muss, wenn man erwachsen ist, und solche Arbeit zum Leben gehört … und dann lade ich Ryan ein, mitzuhelfen in verschiedenen Aufgabenbereichen.«

Meine Mama lacht 90 Sekunden lang ohne Pause, wie eine Hexe.

»Mama, es klappt, es klappt tatsächlich!«, rufe ich trotzig. »Guck mal diese Küche an! Wenn er bestimmte Aufgaben hätte und sich nicht daran hält, würde das nur noch mehr Probleme für mich verursachen. Thomas sieht es als meine Aufgabe an, Ryan zum Mithelfen zu zwingen …«

Ich seufze. Ich hätte wirklich nicht gedacht, dass ich mal so unglücklich sein würde, und das nur wegen Putzen und so. Wahnsinn.

Am nächsten Morgen, 6:20 Uhr. Baby Leo ist wach, er ruft Tiger Tiger, und meint damit Frosties. Seine Zähne tun mir so leid. Ich wecke Ryan und öffne die Spülmaschine.

ALLES IST NOCH SCHMUTZIG.

ER HAT DIE KÜCHE SO PERFEKT SAUBERGEMACHT, DIE SPÜLMASCHINE ABER NICHT ANGEMACHT.

ICH WERDE WAHNSINNIG.

MEIN FREUND UND MEINE MAMA HABEN DOCH RECHT, DIESES KIND BRAUCHT TÄGLICHE AUF-

GABEN! ER SPINNT, ICH SPINNE, ICH STERBE, WHAT THE FUCK WHAT THE FUCK WHAT THE FUCK.

Ryan kommt aus dem Badezimmer und ich sage, sehr höflich: »Ähm, Ryan, du hast gestern die Küche so perfekt saubergemacht, aber aus irgendeinem Grund hast du die Spülmaschine nicht angemacht?«

Ryan guckt mich verwirrt an.

»Und?«, sagt er.

»Gibt es irgendeinen Grund, weshalb du entschieden hast, die Spülmaschine nicht anzumachen?«, frage ich.

Er zuckt mit den Schultern.

»Du hast mir nicht gesagt, dass das zum Kücheputzen gehört«, sagt er.

»Warum sollte das nicht zum Kücheputzen gehören?«, frage ich.

Er lächelt und ich liebe ihn. Er hat so ein Lächeln, das er lächelt, wenn er sich entschuldigt, und dann vergebe ich ihm alles. Er sieht fast so aus, als ob er sich schämen würde. Fast.

»Mama«, sagt er. »Du hast mir nie gezeigt, wie man diese Spülmaschine benutzt.«

Ich gucke ihn an, ich will nicht sauer werden, deswegen lache ich nur.

»Soll ich dir ein YouTube-Tutorial geben?«, frage ich. »Vielleicht wirst du dich bei einem YouTube-Tutorial daran erinnern?«

Ich rede so wie ein Amerikaner bei YouTube, der sehr stolz auf die neue Spülmaschine ist. Als ich versuche, den Tab reinzumachen, heult das Baby, er will das machen. Ich lasse ihn machen und er klickt die Schublade zu und lächelt den Teenager stolz und zufrieden an. Das Baby denkt offensichtlich, dass er klug ist, weil er die Spülmaschine beherrscht und sein großer Bruder noch nicht. Babys wissen noch nicht, dass Hausarbeit Drecksarbeit ist. Der Teenager lacht jetzt doch beschämt bei dem stolzen Gesicht seines Babybruders. »Peinlich für mich!«, sagt er.

Irgendwie ist alles peinlich für mich, denke ich. Es ist peinlich für mich, dass ich nicht gut genug putze, aber auch peinlich für mich, dass ich es nicht schaffe, dass jemand mir hilft (außer dem Baby). Irgendwie ist alles meine Schuld, meine Verantwortung. Alles ist mein Verantwortungsbereich, alles ist mein Versagen. Irgendwie möchte ich manchmal diese ganze Wohnung einfach niederbrennen und untertauchen, vielleicht in Tropical Islands, und nur davon leben, dass ich mich und die Kinder von weggeschmissenen Pommes ernähre. Irgendwie ist das bisschen Haushalt doch ein kleines bisschen, wie man auf Deutsch sagt, too much.

Als Pegida-Kevin Zandra trifft

Ich habe mir vorgenommen, nicht wegen Politik mit Menschen zu streiten, und deswegen habe ich meinen deutschen Kumpel, Pegida-Kevin, zu meiner Freundin Zandra eingeladen. Außerdem ist Pegida-Kevin, das sagt er selber immer, nur deswegen voll Pegida geworden, weil er nie Sex kriegt und alle Frauen ihn ständig ablehnen und er immer nachts alleine ist und kifft und dann schickt das Jobcenter ihm einen Brief und er ist sehr traurig und einsam und sehr alleine. Und ich mag ihn eigentlich, abgesehen von der Tatsache, dass er ein bisschen Nazi geworden ist.

»Ich weiß, dass ich sehr privilegiert bin«, sagt Zandra und seufzt traurig. Ich nicke.

»Ja«, sagt Pegida-Kevin sehr laut und überzeugend. »Du bist sehr privilegiert! Du bist total privilegiert! Du sollst einfach zugeben, dass du so privilegiert bist!«

»Das tut sie gerade«, sage ich und wünsche mir jetzt schon, ich hätte Pegida-Kevin alleine gelassen mit dem Kiffen und den Briefen vom Amt und den Abend mit Zandra genossen. Zandra, die übrigens in meinen Augen nicht so privilegiert ist, wie sie denkt. Okay, sie ist hübsch (ziemlich), *weiß* (wie Schneewittchen), hat tausende Abschlüsse (und manche davon sind sogar fertig geworden) und wohnt in einer Kreuzberger Wohnung (Altbau). Und ja, sie ist die Art Ausländerin, die fast keine Ausländerfeindlichkeit erlebt (Australierin). Aber auf der anderen Seite lebt sie seit 13 Jahren hier und kann immer noch kaum Deutsch sprechen und darf nicht mal Hartz IV kriegen. Nicht dass ich denke, Hartz IV zu kriegen ist ein Privileg, aber das kriegen zu können ist schon beruhigend, oder? Heimlich denke ich, dass diese Privilegienanerkennung sehr schnell in einen Privilegienwettbewerb umkippt, wo man denkt, man erkennt seine Privilegien an, um Solidarität mit den Menschen zu zeigen, die es schwerer haben als man selbst, heimlich aber denkt man, man sei in einer Wodka-Werbung auf einem Dach in Berlin in der Nähe der Warschauer Straße oder vielleicht einer aus Beverly Hills 90210. Deswegen finde ich es immer ein bisschen langweilig, wenn man anfängt, seine Privilegien aufzuzählen.

»Ich weiß«, sagt Zandra, große Augen, knallrote Lippen, peinlich berührt. »Ich habe eine Putzfrau«, fügt sie hinzu.

»Ich dachte auch, es sieht hier sauber aus!«, rufe ich.

»Ich bin so privilegiert«, sagt sie.

Pegida-Kevin ist wütend geworden.

»Findest du das feministisch, Jacinta?«, sagt er. »Wir haben schon mal darüber gestritten. Ich weiß nicht, wie du das rechtfertigen kannst.«

»Na ja«, sage ich.

»›Na ja‹, beantworte die Frage! Du denkst, alle weißen Männer sind böse, jetzt sag mal was zu deiner Freundin! Ist es feministisch, so was zu machen?«

»Nein«, sage ich.

»Es ist überhaupt gar nicht feministisch!«, ruft er.

»Aber ihr habt keine Ahnung, wie cool meine Putzfrau ist«, sagt Zandra.

»Ist die gut?«, frage ich. »Kann sie gut putzen? Ist sie schnell und effizient?«

»Oh mein Gott, sie ist so schnell, so effizient, und sie hilft mir mit meiner Wäsche. Und sie organisiert Systeme für mich, in der Küche, so dass alles nicht so schmutzig und unordentlich wird. Sie kommt jeden Montag aus Polen ...«

»Sie kommt direkt aus Polen mit dem Zug?«

»Ja, und ich zahle ihr 15 Euro pro Stunde, plus Fahrtkosten, ist das so schlimm? Schwarz, ich zahle sie schwarz, ist juristisch fragwürdig, aber moralisch total okay. Und oh, sie ist so weise! Sie ist weise und klug und sehr sehr sehr gut. Ich bin ein bisschen verliebt in sie.«

»Ihr kotzt mich an«, sagt Pegida-Kevin laut, wütend, sarkastisch. »Weiße Männer sind alle Vergewaltiger, aber diese arme Frau aus Polen soll für 15 Euro pro Stunde für euch putzen!«

»Warum tut sie dir so leid?«, fragt Zandra, plötzlich eiskalt. »Ich verdiene nur 12 Euro pro Stunde als Übersetzerin.« Heimlich denke ich, dass Zandra, die kaum Deutsch spricht und nur mit Hilfe von Google Translate überhaupt übersetzen kann, auch nur ungefähr 12 Euro pro Stunde verdienen sollte. Aber ich denke, solange man den Putzkräften MEHR bezahlt, als man selbst verdient, muss man kein schlechtes Gewissen haben, oder?

»Ihr seid eklig«, sagt Pegida-Kevin. Er war immer ganz nett, bis zu irgendeiner Blackfacing-Debatte, und dann ist er total rassistisch, sexistisch und noch dazu langweilig geworden.

»Kannst du einen Joint drehen?«, frage ich.

»Ihr denkt, ihr seid solche tollen Feministinnen«, sagt er wütend. »Aber ihr habt eigentlich nur eure Unterdrückung outgesourct. Das ist das Problem mit dem modernen Feminismus, und das ist der Grund, weshalb für mich jede Frau, die sich Feministin nennt, eine Fotze ist.«

Er fängt an zu bauen, und Zandra sagt: »Das erste Mal, als sie kam, war es mir so peinlich. Ich meine, für dich ist es weniger peinlich, Jacinta, du hast Kinder, du hast eine Ausrede, warum du nicht putzen kannst. Aber für mich war's peinlich. Ich habe stundenlang vorher geputzt, so dass sie nicht denken würde, dass ich eine schlechte Hausfrau bin, und dann ging ich in die Kneipe nebenan und tat so, als ob ich arbeiten würde. Aber mittlerweile, wenn sie kommt, lass ich sie rein, krieche zurück ins Bett, dann stehe ich nach ein, zwei Stunden auf und helfe mit und sie gibt mir Putztipps und Lebensratschläge.«

»Habe ich euch gesagt«, sagt Pegida-Kevin, »dass ich euch sehr verachte?«

»Ja«, sagen wir beide und gucken uns an und ich erinnere mich wieder, warum sein Spitzname Pegida-Kevin ist. Schade eigentlich, er ist voll hübsch und so.

Ich finde das Argument, das oft von linken Männern kommt und ab und zu von Pegida-Nazis, dass wenn eine Frau eine Putzfrau bezahlt, um zu putzen, es ein Outsourcing der Unterdrückung sei, wenig überzeugend. Okay, vielleicht würde man in einer idealen Welt dafür 20 Euro pro Stunde kriegen und nicht 15 oder 13, aber im Grunde genommen ist das, was scheiße am Putzen ist, die körperliche Anstrengung, der körperliche Ekel – und das nervige Nicht-bezahlt-Werden. Ich finde, wenn irgendjemand dafür bezahlt wird, ist es so viel weniger scheiße, dass es fast okay ist. Geld ist Anerkennung und Putzen ist Arbeit. Solange wir im Kapitalismus leben, sollten wir den Menschen für ihre Arbeit, die sie tun, etwas zahlen.

Ich habe einen Putzmann gehabt. Zuerst hatte mein Freund gesagt, er würde das bezahlen, aber er hat sich umentschieden und dann musste ich kündigen, weil ich es mir nicht mehr leisten konnte, ich bin zu pleite, um mir so was zu leisten. Aber ich verstehe nicht, warum ich, wenn ich mit meinem wenigen Geld jemanden bezahle fürs Putzen, den ausbeute, aber wenn mein Freund mit seinem vielen Geld mich *nicht* bezahlt fürs Putzen, das keine Ausbeutung oder Unterdrückung sein soll? Außerdem verstehe ich nicht, warum nur nur nur nur nur Putzkräfte als so unterdrückt gelten, dass man diese Arbeit nicht machen sollte. Oder unterstützen darf. Es gibt in Berlin Blowjobs für 10 Euro, und so wenig kriegen auch die Menschen, die Essen bringen oder bei Kik arbeiten, aber die einzige Arbeit, die so schlimm ist, dass es reine Ausbeutung ist, ist Putzen? Ich verstehe das alles nicht.

Wir fangen an zu rauchen, und Pegida-Kevin entspannt sich ein bisschen.

»Du baust immer so perfekte Joints, Kevin«, sage ich, und er lächelt, und ich erinnere mich daran, warum ich ihn früher mal gemocht habe.

»Du hast auch eine Putzfrau, oder, Jacinta?«, fragt er mich.

»Einen Putzmann«, sage ich. »Gehabt. Das weißt du doch!«

»War er weiß?«, fragt er.

»Einer war aus Polen, einer aus Spanien und einer aus Südamerika«, erkläre ich.

»Schämst du dich nicht, dass sie alle aus ärmeren Ländern kommen?«, fragt er.

Ich runzele die Stirn. »Nee«, sage ich. »Ich habe keine Top-Ten-Liste ›Ärmste Länder der Welt‹ in meinem Kopf. Und außerdem kommen die Verticker aus dem Görlitzer Park alle aus sehr armen Ländern und niemand beschwert sich über deren Unterdrückung.«

Bin ich zu dumm gerade? Oder zu neoliberal? Ich finde, es wäre Quatsch, darauf zu bestehen, dass ein *weißer* deutscher Mann für dich putzen soll, nur um andere Menschen, die andere Jobs nicht bekommen können, nicht auszubeuten. Aber ich finde es auch komisch, dass wirklich nur nur nur nur bei Putzen in der privaten Wohnung darüber gesprochen wird. In all den Schulen in Deutschland, auch Schulen mit Kopftuchverbot, sind die Putzkräfte muslimische Migrantinnen, und niemand sagt was. Ich denke, es geht gar nicht um Unterdrückung. Ich denke, es geht um Schmutz. »Wasche nicht deine schmutzige Wäsche in der Öffentlichkeit«, sagt man, wenn eine Frau erzählt, ihr Mann habe sie geschlagen oder ein Mädchen sagt, sie sei vom Onkel oder dem Opa missbraucht worden. Man will den Schmutz in der Familie halten, und eine Frau, die Fremde einlädt, um in die Familienwohnung zu kommen und diesen Schmutz zu sehen und wegzumachen, die beschützt ihre Familie nicht. Ich denke, darum geht es eigentlich, aber es kann auch sein, dass ich einfach vom Kapitalismus total brainwashed bin.

Ich erinnere mich an ein Mal, als ich krank war und mein Freund auf der Buchmesse. Das Baby war zu klein, um Fernsehen zu gucken, und ich war so krank. Grippe oder so was, gezittert und gezittert und die ganze Zeit auf die Uhr geguckt, und sobald mein Freund da war, habe ich ihm das Baby gegeben und bin ins Bett gegangen, habe gezittert und geschlafen und geschwitzt. Um 13 Uhr weckte er mich, wütend.

»Du solltest endlich mal aufstehen und für den Putzmann aufräumen«, sagte er.

»Aber ich bin krank!«, sagte ich.

»Ich mache es nicht!«, sagte er.

»Aber ich bin doch krank!«, sagte ich.

»Ich sehe überhaupt nicht ein, dass ich Sachen aufräumen soll vor dem Besuch eines Putzmanns!«, ruft er.

»Aber guck mal«, sagte ich. »Ich bin krank!«

»Weißt du, dass ich mich für dich schäme?«, sagte er, und ich guckte ihn an und merkte an der Härte seiner Worte, dass er überhaupt niemals das Zeug wegräumen würde, obwohl ich krank war. Ich stand auf, zitterte und brachte die Küche in Ordnung. Er machte dem Baby Essen, nachher ging er mit ihm auf den Spielplatz. Als der Putzmann kam, machte ich ihm eine Tasse Tee. Er erzählte mir, dass sein deutscher Boyfriend eine offene Beziehung haben wollte.

»Berlin!«, sagte ich.

»Ist es normal?«, fragte er.

»Wenn es für dich okay ist, dann ist es okay«, sagte ich.

»Ich weiß nicht, ob es okay ist.«

»Diese Menschen«, sagte ich, plötzlich wütend. »Wenn du Knoblauch zum Frühstück essen willst, riechen es alle, aber versuch mal, jemanden zu finden, der spießig genug ist, um nur mit dir zu ficken statt mit der halben Stadt. Ich gehe zurück ins Bett, ich bin so krank.«

»Darf ich WLAN benutzen und mit meiner Mama skypen?«, rief er.

Als mein Freund nach Hause kam, erzählte er, dass er einfach nicht mit meinem täglichen Chaos zurechtkomme.

»Ich räume gerne die Sachen von Baby Leo weg«, erklärte er. »Aber ich komme nicht zurecht mit deinem täglichen Chaos.«

Ich guckte ihn an und sagte nichts. Ich war zwei Tage alleine und krank mit dem Baby, ich hatte wirklich überlegt, die Krankenkasse anzurufen wegen einer Hilfe, ich hatte mich so sehr gefreut, dass er bald nach Hause kommen würde und ich krank sein dürfte – aber irgendwie durfte ich nie krank sein. Was dachte er wohl, warum es schmutziges Geschirr in der Spüle gab? WEIL ICH WAS FÜR SEINEN SOHN GEKOCHT HATTE, OBWOHL ICH KRANK WAR. Ich sagte aber nichts, es lohnte sich nicht. Er würde es nie verstehen. Ich merkte, dass es mir ein bisschen besser ging, stand auf, fing an zu kochen. Wie krank musste ich werden, dachte ich, bevor er von selber sagen würde, hey, soll ich heute Abend kochen? Ich müsste Krebs haben – und nicht nur eine Sorte, sondern zwei – und beide Sorten sehr hartnäckig – und dann vielleicht – vielleicht – vielleicht – vielleicht VIELLEICHT würde er was kochen.

Pegida-Kevin und Zandra fangen an zu knutschen. Ich überlege, ob ich nach Hause gehen soll oder ob ich auf ihrem Küchensofa schlafen darf. Vielleicht wird Kevin jetzt wieder Kevin heißen, und nicht mehr Pegida-Kevin, wenn er mit Zandra ficken darf, wahrscheinlich aber doch nicht, wenn ich ehrlich bin. Leider. Ich hole einen alten Pelzmantel aus Zandras Flur und benutze ihn als Decke. Wenn Pegida-Kevin das wüsste.

How to cook a fucking duck

Weihnachten zu Hause in England, mit meinem Teenager. Das Baby ist mit meinem Freund in der Schweiz. Bin ich eine Rabenmama, wenn ich zugebe, dass ich ihn weniger vermisse als erwartet?

Meine MS-erkrankte Mama möchte unbedingt, dass die Ente nicht mit Alufolie umwickelt wird. Meine Tante möchte unbedingt die Ente mit Alufolie umwickeln. Es ist ein Cultural War wie sonst nur bei Twitter, aber hier und echt.

In der Küche mit meiner Tante Daphne, meine Mama in ihrem Krankenhausbett im Wohnzimmer. Ich sage: »Daphne, dann wickele die Ente halt nicht in Alufolie, was soll's?«

Meine Tante sagt: »Es ist voll wichtig, dass man das macht.«

Ich sage: »Warum ist das so wichtig?«

Meine Tante sagt: »Die Alufolie hält die Säfte drin im Vogel.«

Meine Mama liegt im Bett und ruft Anweisungen. Na ja, eigentlich schreit sie, so laut sie kann, Beleidigungen.

»Ihr nutzlosen Arschlöcher!«, schreit sie. »Ihr habt keine Ahnung, wie man eine Scheißente bäckt!«

Ich gehe raus aus der Küche, weg von der Scheißente, zu meiner Mama, und stehe am Rand ihres Betts.

»Was willst du?«, frage ich.

»Ich will, dass ihr nutzlosen Arschlöcher mir zuhört!«

»Wir hören dir zu«, sage ich.

»Ihr. Habt. Keine. Ahnung«, sagt sie.

»Was willst du?«, frage ich. Mein Gesicht ist voller Geduld.

Gestern habe ich mich mit meinem Teenager gestritten. 15 Uhr war's und ich hatte vergessen zu essen. Mein Teenager ist das Arschloch gewesen – aber ich zu stur und unreif. Nachher hat meine Tante mich für mein Verhalten kritisiert, und ich heulte und packte meine Tasche und sagte, ich würde abhauen und zurück nach Deutschland fliegen und sie nie wieder besuchen kommen. Draußen, auf der Straße, vor dem Laden, der früher ein Postamt war und jetzt ein Schuluniformladen ist, merkte ich, dass ich Hunger hatte, und kam wieder nach Hause und aß ein Würstchen.

»Ich gehe nirgendwo hin«, sagte ich, nachdem ich das Würstchen aufgegessen hatte. »Ich habe keine Freunde mehr in Seven Kings, und die Pubs haben alle dichtgemacht, und ohne Ryan kann ich nicht fliegen.«

Vielleicht aus schlechtem Gewissen für mein kindisches hungriges Verhalten von gestern versuche ich jetzt in dieser Ensituation, Mediation zu betreiben mit der Geduld des Dalai Lama.

»Was willst du, Mama?«, frage ich und atme die ganze Zeit durch die Nase.

»Ihr sollt *fucking* aufhören, die Scheißente mit Scheißalufolie zu zerstören!«, ruft sie.

Meine Tante kommt jetzt ins Wohnzimmer.

»*Jamie Oliver* hat gesagt, dass man Enten mit Alufolie umwickeln muss«, sagt sie. Früher, denke ich, haben Bauern den Papst zitiert. Oder vielleicht nicht? Vielleicht sprach der Papst nur Lateinisch? Keine Ahnung vom Papst, merke ich gerade.

»Arschlöcher!«, sagt meine Mama.

Ich halte ihre Hand in meiner.

»Mama«, sage ich. »Bist du dir sicher, dass du willst, dass Menschen zu dir kommen, zu Weihnachten? So wie du dich verhältst, kommt es mir so vor, als ob du dir wünschst, ich wäre in Deutschland geblieben.«

Meine Mama hat kalte Hände, sie kann meine kaum drücken. Außer ihrer Zunge sind ihre Hände das Einzige, was sie überhaupt noch bewegen kann. Die Muskulatur in ihrer Zunge funktioniert allerdings wunderbar.

»Du tust immer so«, sage ich sanft, »in der Zeit vor Weihnachten, als ob wir unbedingt nach Hause kommen sollen. Du hast mich sogar angebettelt! Sonst wäre ich nicht hier. Ich wollte nach Köln zu diesem besetzten Haus. Und jetzt nennst du mich Arschloch wegen Alufolie –«, ich atme noch mal tief durch die Nase, dann rutscht es aus mir heraus, »aber ehrlich gesagt behandelst du mich gerade wie ein totales Arschloch!«

Meine Mama scheint eher belustigt als beleidigt zu sein.

»Ein totales Arschloch?«, fragt sie.

»Ein halbes Arschloch!«, rufe ich.

»Sieh es doch von meinem Standpunkt«, sagt sie. »Ich bin behindert, kann die Scheißente nicht backen, nicht selbst, aber leider bin ich umgeben von nichtbehinderten, aber nutzlosen Menschen, die keine Ahnung haben, wie man eine Ente zubereitet!«

Ich seufze.

»Ich verstehe, wie frustrierend das sein muss.«

Wir rufen meinen Bruder an. Er ist kein besonders talentierter Koch, in meinen Augen, aber wir rufen ihn an, als wäre er eine Entenhotline, und er bestätigt die Jamie-Oliver-Wichtigkeit der Alufolie. Ich denke gerade, dass dieser Streit jetzt vorbei ist – nee, zu früh gefreut! Zu optimistisch gewesen … Meine Mama möchte jetzt, dass wir die Ente auf ihrem Krankenhausbett vorbereiten. Auf Englisch sagen sie *dress* dazu, es klingt voll lustig, ich bin voll deutsch geworden. *Dress the fucking duck on my fucking bed,* flüstert meine Mama meiner Tante zu. »Ich will sehen, dass ihr das nicht vermasselt.«

»Der Entensaft würde ihre Laken überschwemmen!«, ruft meine Tante, als ob meine Mama nicht da wäre.

»Er redet immer über mich, als ob ich nicht da wäre!«, ruft meine Mama, voll transfeindlich.

Ich sage zu meiner Tante: »Rede nicht über Mama, als ob sie nicht da wäre«, und zu meiner Mama: »Nenn Daphne nicht ›er‹!« Ich sage zu beiden: »Es ist respektlos, wie ihr miteinander umgeht.«

Wir holen einen Campingtisch aus dem Außenklo und verkleiden die Ente vor den Augen meiner Mama. Sie ruft die ganze Zeit: »Jetzt Öl! Jetzt Butter! Jetzt eine Orange! Mehr Pfeffer!«

Dann fängt der Streit über die Kartoffeln an – brauchen wir Bratkartoffeln UND Kartoffelbrei? Ist Kartoffelbrei überhaupt weihnachtlich? Ich denke daran, wie meine Mama mit der Hausarbeit gekämpft hat, als sie noch gesund war und ihr Körper noch Sachen machen konnte. Damals wollte meine Tante nicht helfen. Jetzt streiten sie sich wie zwei Hühner, zwei Enten, zwei Gänse über jede Kleinigkeit. Meine Mama würde so gerne jetzt kochen, kann es aber nicht. Sie streiten sich immer noch, aber nicht mehr so wie früher.

»Kartoffelbrei ist nicht super weihnachtlich, meiner Meinung nach«, sage ich nachdenklich. »Aber ich finde, wenn man unbedingt Kartoffelbrei an Weihnachten machen will, dann wird es irgendwie weihnachtlich, oder?«

»Ich werde das googlen«, sagt meine Tante. »Was sagt Jamie Oliver dazu?« Ich nicke und entschuldige mich und gehe aufs Klo und spiele eine Runde Wordblitz. Habe ich erwähnt, dass es mir total scheißegal ist, ob man die Ente mit Alufolie umwickelt oder nicht? Ich will Weihnachten überleben, das ist alles. Ich entwickele in meinem Kopf einen neuen Plan: Nächstes Jahr, sage ich mir, werde ich meine beiden Kinder, nicht nur eins, zum jeweiligen Papa schicken, und ich miete ein Hotelzimmer im Adlon, kaufe mir 10 Gramm Ketamin und scheiße auf Weihnachten. *How to cook a fucking duck. Indeed.*

Aufräumen ist die Hälfte der Arbeit

Ich besuche meine Freundin Zandra, ihre Putzfrau putzt in der Küche und sie sitzt auf ihrem wunderschönen Bett, heulend, umgeben von Dingen. Auch auf ihrem Boden: ein Ozean von Chaos. Make-up, Creme gegen Zellulitis, Wimpernzangen, kaputte Faszinatoren, Kabel, Hüte, Vibratoren, Reizunterwäsche, Papiere, Papiere, Papiere, Handtaschen, mehr Papiere, Selbsthilferatgeber, altes Essen, alte Takeaway-Boxen, Pillen, Pillen, Anti-Baby-Pillen, Antidepressiva, Vitamin-Pillen, Papiere, ein kaputter Stuhl.

Zandra weint, weil sie einen Zettel nicht finden kann, einen von der AOK, wo sie bestätigen, dass sie die Nervenklinikkosten übernehmen.

Sie hört auf zu weinen, um mir zuzuflüstern:

»Hasst du mich eigentlich, weil meine Putzfrau aus einem wesentlich ärmeren Land kommt?«

Ich flüstere zurück: »Ist Polen so wesentlich ärmer? Immer wenn ich dort bin, finde ich die Supermärkte so sauber und schön und die Menschen sehen viel gesünder aus als in England oder Berlin.«

Jetzt legt Zandra sich wieder hin und heult.

»Ich komme nicht in die Klinik ohne diesen Zettel, Jacinta!«, ruft sie.

»Ich helfe dir«, sage ich. »Weißt du, dass die Hälfte der Putzarbeit nur Aufräumen ist? Putzen besteht aus zwei Elementen. Aufräumen, Müll wegschmeißen, das ist das erste. Dann einfach die Fläche, die durch das Aufräumen entstanden ist, mit Putzmittel einschmieren und dann wegwischen. Ich räume jetzt auf.«

»Du darfst nichts wegschmeißen!«, flüstert sie. »Was, wenn du aus Versehen den Zettel wegschmeißt?«

»Ich schmeiße keine Zettel weg«, sage ich. »Nur Pizzakartons und so. Du bleibst liegen. Darfst weinen. Ich mache hier eine Papierecke.«

Mein Gott, denke ich, als ich anfange, aus ihrem Chaosberg Ordnung zu schaffen. So fühlt sich Marie Kondo jeden Tag, kein Wunder, dass sie so einen glücklichen Eindruck macht. Ich finde die Sachen von Zandra so faszinierend. Denke darüber nach, warum *fascinators* überhaupt *fascinators* heißen. Sind sie faszinierend? Achte darauf, Sexspielzeuge nicht an der falschen Stelle anzufassen. Ich finde, das Chaos in Zandras Zimmer spiegelt das Chaos in ihrem Kopf/Leben, und komme mir unglaublich klug vor.

»Welche Farbe hat der Zettel?«, frage ich.

»Rosa!«, sagt sie.

»Rosa?«, frage ich. »Bist du dir sicher? Rosafarben?«

»Ja«, sagt sie.

»Aber die AOK ist ein Amt, oder?«, sage ich. »Sie mögen kein Rosa auf Ämtern.«

»Ich glaube, die AOK ist eine Firma«, sagt Zandra. Ich starre sie an. Zwanzig Jahre in Deutschland, nie bemerkt, dass die AOK eine Firma ist.

»Stimmt«, sage ich. »Sie schicken andauernd Werbung. Sie müssen eine Firma sein. Aber ihre Wartezimmer sind so hässlich wie bei einem Amt. Und die Lichter so hell. Oder?«

»Ich liebe die AOK«, sagt Zandra melodramatisch.

Ich räume auf und sie erzählt mir von Pegida-Kevin – er sei so schlecht im Bett –, wir diskutieren den weisen alten deutschen Spruch »Dumm fickt gut« und entscheiden uns, dass die Deutschen recht haben, Dumm fickt gut, aber Nazis ficken scheiße. In Australien brennen die Wälder, Zandra glaubt, dass sie nie mehr nach Hause gehen kann. Ich erzähle ihr, dass ich persönlich beleidigt bin, wegen Johnsons Erdrutsch-Wahlsieg, ich hatte angefangen, mir auszumalen, wie Corbyn meine Hilfe brauchen würde, um eine neue sozialistische Republik aufzubauen, und wie ich nach Hause ziehen und irgendwie Deutschlehrerin werden würde, wenn Ryan mit dem Gymnasium fertig wäre. Aber jetzt muss ich hier bleiben und deutsch werden und abwarten, bis die AfD an die Macht kommt.

»Wohin gehen wir, wenn die AfD an die Macht kommt?«

Zandra ist zwar *weiß*, aber so verrückt, dass die AfD sie wahrscheinlich auch ins Lager stecken wird, irgendwann mal.

»Vielleicht kommen sie gar nicht an die Macht«, sagt sie.

»Sie kommen nur dann nicht an die Macht, wenn die CDU so sehr nach rechts rückt, dass es unnötig ist«, sage ich.

Ich finde in ihrem Chaosberg ein Buch, das ich ihr ausgeliehen habe. *The Weather in the Streets*, es ist mein Lieblingsbuch, über eine Frau, die in den Zwanzigern abtreiben muss. Vielleicht habe ich es ihr sogar geschenkt, ich bin unsicher.

»Hast du das gelesen?«, frage ich.

»Nee«, sagt sie. »Ich kann Bücher, die vor 1960 geschrieben wurden, nicht lesen.«

»Darf ich es zurückhaben?«, frage ich. Aus irgendeinem Grund hat niemand, dem ich dieses Buch ausgeliehen habe, es tatsächlich gelesen. Nicht mal gelesen und dann gehasst. Niemand hat es gelesen. Wenn ich jemals jemanden kennenlerne, der dieses Buch gelesen und dem es gefallen hat, drehe ich durch. Aber vielleicht kommt's. Ich will nicht zu hipsterisch klingen, aber ich mochte die *Anne of Green Gables*-Bücher längst vor allen anderen.

»Jetzt müssen wir deutsch werden!«, sage ich.

»Meinst du passportmäßig oder mit dem Herzen?«, fragt sie.

Ich seufze. »Beides«, sage ich traurig. »Wir müssen uns überwinden und zum Deutschamt gehen UND anfangen, richtig deprimierende Bücher zu lesen, wie eine Teenagerin eine Gräfin heiraten soll und dann am Ende tötet sie sich in einem Brunnen.«

»Ich finde es voll unfair, dass die Pegida-Leute einfach so deutsch sind, dass sie keine deutschen Bücher lesen müssen, aber immer noch als deutsch durchkommen. Pegida-Kevin wusste nicht, wer Sibylle Berg ist. Ich habe sie zwar nicht gelesen, aber ich weiß, wer das ist.«

»Der Sex mit Pegida-Kevin war so schlecht«, seufzt Zandra jetzt.

Ich habe seit Monaten keinen Sex gehabt und fühle mich super. Manchmal denke ich, ich werde nie wieder ficken, so wenig vermisse ich das. Ich fühle mich erleichtert und befreit. Alles, was ich tun muss: Familie, putzen, einkaufen, schreiben, schreiben, schreiben, Freunde treffen, Steuererklärungen machen, Jugendamt informieren, ob Ryan schon Sozialhilfe kriegt oder nicht, alles schaffe ich, wenn ich nicht ficken muss.

Ein rosafarbener Zettel!

»Hier, Zandra!«, sage ich.

»*Oh Cinders, you can go to the ball*!«, ruft sie und lacht wie Prinzessin Margaret bei den Amerikanern in *The Crown*. Zandra ist so süß und freundlich und unterhaltsam und elegant wie Prinzessin Margaret, und genau wie bei Prinzessin Margaret merkt, weil sie so unterhaltsam ist, niemand, ich inklusive, dass es ihr so beschissen geht. Bei mir ist es ein bisschen anders, ich bin so laut und selbstsicher und wütend und lustig, dass niemand merkt, dass es mir so beschissen geht. Nach Boris Johnsons Sieg hatte ich vier Tage lang solche Herzschmerzen, ich dachte, entweder ist es eine Lungenentzündung oder ein Herzanfall oder ein gebrochenes Herz und ich muss in die Nervenklinik. Aber ich bin eine Mutter. Wir gehen nur dann in die Nervenklinik, wenn es echt echt schlimm ist. Vielleicht gibt es in der Zukunft, wenn dieser Rechtsruck vorbei ist und die Menschen merken, dass nur die Liebe zählt, und eine neue Gesellschaft aufbauen ohne Krieg und Profite und so, vielleicht gibt es dann Nervenkliniken nur für Mütter mit einer Kinderbetreuung nebenan, so wie jetzt schon bei Ikea. Vielleicht, denke ich, wird es sogar ein Bällebad geben. Das würde die Kinder ablenken von den Sorgen, dass ihre Mama verrückt ist, oder? Ein Bällebad?

»Ich hoffe, dass meine Klinik nicht total überfüllt ist mit stinkenden Junkies und hässlichen Alkoholikern«, sagt Zandra. »Ich hoffe, dass zumindest ein anderer Patient so intellektuell ist wie ich. Vielleicht verliebe ich mich in ihn! Jemand mit etwas, das nicht zu schlimm ist, bipolar zum Beispiel.«

»Zandra«, sage ich. »Sei nicht snobistisch zu den anderen Leuten in der Nervenklinik. Du musst solidarisch sein.«

Die polnische Putzfrau guckt ins Zimmer.

»Ich bin fertig«, sagt sie.

»Du bist eine Schatzi!«, ruft Zandra in ihrem schlimmen, schlimmen Deutsch. »Darf ich dir … zwanzig Euro von dem Geld in Lieferando-Gutscheinen bezahlen?«

»Nein, nein«, sagt die Putzfrau bestimmt. »Ich will echtes Geld, bitte!«

Nachdem sie weg ist, stehen wir mitten in der Küche und staunen, so als ob wir endlich mal nach Sanssouci gegangen wären.

»Wow«, sage ich.

»Ich habe es dir gesagt, oder?«, sagt Zandra. »Sie ist eine talentierte Putzfrau. Meine Putzfrau ist sehr talentiert. Sie ist talentiert.«

Ich gucke in den Mülleimer.

»Sie hat den Müll nicht perfekt getrennt«, petze ich.

»Wahrscheinlich trennen sie den Müll in Polen nicht«, sagt Zandra. »Sie sind sehr umweltunfreundlich da, glaube ich.«

»Du redest immer über Polen, als ob es ein Dritte-Welt-Land wäre«, sage ich. »Ich denke, es ist wie Deutschland, nur ohne Abtreibung.«

»Guck mal den Wasserhahn an«, sagt Zandra und seufzt zufrieden. »Jetzt kann ich das andere Zimmer airbnben, während ich in der Klapse bin!«

Ich gucke den Wasserhahn an und denke an die Waldbrände in Australien. Die Bilder bei Twitter sehen super schlimm aus. Schlimmer als in einem Hollywoodfilm. Ich sage nichts.

Wir sind nicht da, in unseren Heimaten, und irgendwie muss unser Leben, dieses Leben in Deutschland, weitergehen. Und das jeden Tag.

Einkaufen

Ich weiß gar nicht warum, aber mit meinem Freund einkaufen zu gehen macht keinen Spaß. Wahrscheinlich nur deswegen, weil es *ihm* keinen Spaß macht. Er schnaubt und brüllt wegen allem, was »fehlt« – und wir leben in Deutschland und kaufen im Kaufland ein, es fehlt echt kaum was –, und dann auch wegen meinen »Fehlern«, Chilisalz statt Chilipfeffer auf der Einkaufsliste und so weiter. Und im Allgemeinen tut er so, als ob Einkaufen die schwierigste, schmerzhafteste Aufgabe aller Zeiten wäre. Manchmal geht er allein hin, und wenn er zurückkommt, ist sein Gesicht so versteinert, so wütend, so märtyrerhaft, dass ich mich schon im Badezimmer versteckt habe, um heimlich zu lachen.

So geht das bei uns:

Ich schreibe die Liste. Wenn ich die Liste nicht schreibe, schreit er mich an, dass er nicht weiß, was wir brauchen. Aber wenn ich die Liste schreibe, schreit er mich an wegen der Sachen, die darauf »fehlen«. Es ist echt viel leichter, ohne ihn einkaufen zu gehen, trotz der Tatsache, dass er mehr nach Hause tragen kann.

Ich stehe mit Ryan beim Blumenkohl und ich merke gerade, dass er nicht weiß, was ein Blumenkohl ist.

»Ist das nicht ein Kohl?«, fragt er.

»Das ist ein Blumenkohl!«, sage ich.

»Was ist der Unterschied zwischen einem Blumenkohl und einem Kohl?«

Ich bin erstaunt – und ein bisschen besorgt. Das ist schlimmer als beim Pferdefleischskandal, wo er erst acht war und nicht wusste, aus welchem Tier *beef* eigentlich sein sollte. »Mama, ich bin ein Kind, ich denke über so was nicht nach!«, hat er sich damals verteidigt.

»Blumenkohl ist viel leckerer«, sage ich. »Der ist echt fast lecker. Und sieht so blumig aus. Guck mal. Und man kann aus Blumenkohl Currys machen, theoretisch kannst du das auch mit Kohl machen, aber ist nicht unbedingt empfehlenswert. Sag mal, du musst wirklich anfangen, mehr Gemüse zu essen. Alle Gemüsesorten, die nicht auf Pizzen kommen, die kennst du nicht, oder was?«

Jetzt verteidigt er sich mit einem Vorwurf: »Mama, du bist die Hausfrau, du kochst für uns. Wenn ich Gemüsesorten nicht kenne, bist du und nur du schuld.«

»Weißt du, was Brokkoli ist?«, frage ich ihn.

»Ich verstehe nicht wirklich den Unterschied zwischen Rucola und Rauke«, sagt er. Ich tue so, als ob ich ihn nicht höre. Ich habe diesen Unterschied auch nicht gerafft.

Mein Freund läuft zum Wagen, in seinem Gesicht totale Wut.

»Es gibt keinen Knoblauch in diesem Scheißladen!«, ruft er in mein Gesicht.

»Okay«, sage ich. Ich fange an, den Wagen zur Wagenrolltreppe zu schieben. Er stürmt weg, um die Oliven zu inspizieren.

»Warum hat der schon wieder schlechte Laune?«, fragt mich Ryan.

Ich tue so, als ob ich nicht bemerkt hätte, dass mein Freund wütend ist.

»Hat er das?«, frage ich. »Welche Toasts willst du haben? Eckige oder runde?«

Wenn Ryan der Teenager und ich ohne meinen Freund zum Supermarkt gehen, haben wir so viel Spaß. Wir machen voll geile Challenges – eine Sache in den Wagen für jeden Buchstaben des Alphabets, ist viel leichter als man denkt: Aubergine, Bohnen, Cornflakes, Datteln, Eier, Fleischsalat, Gurke … abgesehen von X. Oder wir nehmen uns vor, genau 30,40 Euro auszugeben, aber das schaffen wir nie. Oder wir tun so, als ob wir Touristen wären, und reden in einer doofen Phantasiesprache. Oder wir versuchen, nur rote und gelbe Sachen zu kaufen, und streiten dann darüber, ob ich Rotwein in den Wagen stellen darf oder nicht.

Es stimmt, wir streiten uns auch oft beim Einkaufen. Ryan der Teenager will immer Beef Jerky und San Pellegrino, was ich zu teuer finde. Außerdem nervt es ihn, wie ich San Pellegrino ausspreche. Ich sage immer »San Panegrillo«.

Auch alleine kaufe ich glücklich ein. Die Sachen reinschmeißen, der Musik zuhören, dieses Gefühl von Alleinsein, aber unter Menschen. Ich mag es, zuzuschauen, was andere Leute kaufen. An der Kasse gebe ich den Leuten vor mir und hinter mir immer Punkte – haben sie interessantere Sachen gekauft als ich? Oder langweiligere? Manche deutschen Männer haben so armselige Einkaufswagen irgendwie – Bifi, Dosenklopse, Bier.

Ich verstehe echt nicht, warum mein Freund das Einkaufen so sehr hasst. Irgendwie muss man essen, und wenn man essen will, muss jemand die Sachen vorher kaufen. Ich habe ihn einmal gefragt, warum er das so hasst, und er sah mich super überrascht an und sagte: »Niemand geht gerne einkaufen, oder?« Aber ich gucke mir die anderen Menschen im Kaufland an, und niemand ist so wütend wie er, selbst deutsche Männer nicht. Manchmal denke ich, dass er sehr depressiv ist. Oder? Denn eigentlich ist Einkaufen gar nicht so schwer, wie er tut, und eigentlich ist es gar nicht so schlimm, wenn es mal keinen Knoblauch gibt.

Manchmal denke ich, es ist deswegen, weil er so klug ist und ich so dumm.

Manchmal fürchte ich, dass er das auch denkt.

Jetzt sind wir an der Kasse und mein Freund schreit mich an.

»Die schweren Sachen nach UNTEN!«, schreit er.

»Nutella ist schwer«, sage ich. Ich lächele die Kassiererin an, sie soll nicht denken, ich sei traurig.

»MITdenken!«, schreit er. »Warum könnt ihr nie MIT-denken?« Er zahlt die Einkäufe und ist so wütend, dass er drei Taschen nimmt und alleine nach Hause stürmt, so gut wie er kann mit den schweren Taschen. Ich setze Baby Leo auf den Boden und wir stellen alle Tüten in den Kinderwagen und laufen den long way nach Hause. Ich hasse es so sehr, wenn mein Freund mir sagt, ich soll mitdenken, er meint nicht MIT, er meint was anderes, er meint: genau wie er. Nutella IST schwer, sage ich mir, tröstend. NUTELLA IST SCHWER. 500g. Das ist fast ein Kilo. Na ja. Das ist FAST fast ein Kilo!

»Ich habe dir doch gesagt, dass er sauer ist«, sagt Ryan der Teenager. Baby Leo bleibt bei einem Baum stehen und schaut ihn so erstaunt an, als ob wir gerade auf einem anderen Planeten gelandet wären.

»CHEE!«, ruft er. »CHEE DA!«

»Ja«, sage ich. Ich nicke und nicke. Ich meine, er hat auch recht. Es gibt einen *tree* da.

Ryan fängt an, in einem nordirischen Dialekt zu sprechen. »*Oh you'd be noticing that tree there, would you now. I'd be noticing now that you'd be noticing that tree now, so I would.*«

»*Thon tree*«, sage ich. Ich weiß gar nicht, ob *thon* nordirisch ist oder nur altmodisch. Ich habe mal gelesen, dass die Kolonisierenden nie die Aussprache der Kolonisierten nachmachen sollen, aber ich denke, weil die Leute in Nordirland *weiß* sind und wir halb-indisch, ist es vielleicht nicht ganz so schlimm? Und außerdem können Ryan und ich so gut Nordirisch nachmachen.

»THON TREE!«, ruft Baby Leo, und ich lache. Er kann so wenig sprechen, und trotzdem versucht er schon, Akzente nachzumachen. Er rennt weg von dem Baum, in den Garten eines Restaurants, und ruft »DINE-SAW DINE-SAW! Feuer! Feuer!« zu einem Steindrachen. Ich beobachte Baby Leo so konzentriert, dass ich nicht merke, dass ein Auto vom Parkplatz kommt und mich fast überfährt. Ich springe weg von der Straße, als ob das Auto meine Haut verbrannt hätte. Manchmal wünsche ich mir, ich würde überfahren. Nicht unbedingt sterben möchte ich. Aber ein paar Wochen im Koma würden mir gut tun. Ein bisschen Pause. Drei Wochen Einkaufspause. Vielleicht macht mir Einkaufen doch nicht ganz so viel Spaß, wie ich immer denke?

Meal Planning

Manchmal denke ich, einen Teenager zu Hause zu haben ist so, wie einen gewalttätigen Ehemann aus einem britischen Film in den Achtzigern zu haben, der gerade arbeitslos geworden ist, weil die Bergwerke alle schließen, und der jetzt nicht viel spricht, aber immer nur Fleisch oder zumindest immer das gleiche Zeug essen möchte. Spielt in Nordengland.

Am Frühstückstisch gebe ich dem Teenager seine Weetabix. Er guckt die Packung voll skeptisch an.

»Warum hast du so eine komische Sorte Weetabix geholt?«, fragt er mich.

»Ich dachte, ein bisschen Veränderung am Frühstückstisch würde uns gut tun«, sage ich.

Genau wie im britischen Film bellt er jetzt: »Wir brauchen keine Veränderung! Wenn etwas okay ist, dann soll es so bleiben! Ich esse diese komischen Weetabix nicht!«

Bevor ich ihm sagen kann, dass es noch eine Packung normaler langweiliger Weetabix gibt, steht er auf und knallt die Badezimmertür zu. Ich seufze. »Vielleicht findet er heute Arbeit bei den Docks, oder beim Schrotthändler«, sage ich mir und fange an zu pfeifen, denn meinen Geist kriegt man nicht unter. Ihr kennt das Filmgenre, das ich meine. Eigentlich geil.

Ich habe eine Lesung und heute ist Ryan bei seinem Papa, deswegen kann er nicht babysitten.

Also bringe ich Baby Leo zu Liese, sie ist eigentlich ein Hippie, aber sie hält immer voll strenge Vorträge über Self-Care.

»Self-Care sieht oft nicht schön aus!«, bellt sie. »Self-Care ist oft super anstrengend. Zum Beispiel, einen Essensplan zu schreiben – das ist Self-Care in reinster Form!«

Wir leben in Deutschland – ein Land, in dem Punks dein Kleinkind verbessern werden, wenn er deren Hund »Wauwau« nennt statt Hund, und wo Hippies finden, man sollte einen Essensplan für die Woche schreiben.

Na ja, am nächsten Tag, nach der Show, super verkatert, nachdem ich Baby Leo zur Kita gebracht habe, setze ich mich hin und schreibe nicht nur einen Essensplan für die Woche, nee – sondern einen Essensplan für die FORTNIGHT! Kennt ihr dieses britische Wort *fortnight*? Die Amis kennen das auch nicht. Das Wort war so außer Mode geraten, dass, als ich meinem Chef mal vor fünf Jahren geschrieben habe, »in a fortnight«, er antwortete mit: »Alter Schwede, wie lange habe ich dieses Wort nicht gehört!« Aber wegen des Computerspiels sagt man das wieder, denke ich. Nicht super oft, aber ab und zu. *Fortnight* bedeutet eine Zeit von zwei Wochen – vierzehn Nächte. Es ist ein voll nützliches Wort, ehrlich gesagt.

Hier mein Meal Plan for the fortnight:

MONTAG: Chicken Curry
DIENSTAG: Sloppy Joes und Salat
MITTWOCH: Abendbrot
DONNERSTAG: Bratwurst, Bohnen, Pommes
FREITAG: Pizza-Nacht
SAMSTAG: Pasta-Nacht

SONNTAG: English Breakfast/Toast
Brathähnchen und Salat, Kartoffeln, Gemüse
MONTAG: Bubble & Squeak
DIENSTAG: Veggie Burgers, Salat, Rohkost
MITTWOCH: Abendbrot
DONNERSTAG: Fischstäbchen, Chicken Wings, Reis und Salat
FREITAG: Veggie Curry(s)
SAMSTAG: Fish Cakes/Fish Pie
SONNTAG: Shepherd's Pie

»Dieser Essensplan ist viel zu britisch«, beschwert sich der Teenager. »Wir sind in Deutschland. Mach mal mehr deutsche Abende!«

»Willst du einen Abend was Deutsches kochen? Ich streiche eine Mahlzeit und du kannst einen deutschen Abend machen? Was essen die Deutschen? Bockwurst und Kartoffelsalat aus der Dose, oder?«

»Ich koche nicht!«, ruft er. »Ich esse nur.«

Schon wieder merke ich, einen Teenager zu Hause zu haben ist wie wenn man einen gewalttätigen Ehemann aus einem deprimierenden nordenglischen Achtziger-Jahre-Film hat. »Ich koche nicht! Ich esse nur!«

Neulich habe ich ihn angerufen aus Kaufland, um zu fragen, ob er was Bestimmtes haben wollte, und er rief nur wie ein Neandertaler »MEEEEEEEEEEEEEEEEEEEEEEEEEAT!« ins Telefon.

Wenn ich Salat serviere, tut er nichts Gewalttätiges – aber Spannung ist in der Küche, und seine Skepsis ist zu spüren.

»Ich esse keinen Salat«, sagt er, »aber du machst trotzdem immer welchen. Versuchst du, mir was zu sagen?«

Einmal habe ich einen Christmas Salad gemacht, obwohl nicht Weihnachten war, mit Granatapfel, und er sortierte jeden einzelnen Kern raus und gab ihn Baby Leo.

»Warum tust du das?«, fragte er. »Warum hast du das getan?«

»Mir und Baby Leo schmeckt's« sagte ich. Ich bin, ehrlich gesagt, unsicher, ob es mir geschmeckt hat, musste aber alles aufessen, um ein gutes Vorbild zu sein. Baby Leo lachte voller Freude, jedes Mal, wenn sein Bruder ihm einen Kern gab.

Ich war diejenige, die diese Meal-Planning-Idee einführen wollte, aber mein kleiner Nordengländer hat sich sehr schnell an den Plan gewöhnt, und wenn ich davon abweiche, kriegt er Panik. An einem Donnerstag soll ich Fischstäbchen, Chicken Wings, Reis und Salat machen – aber die Fischstäbchen sind alle, und ich mache stattdessen Omelett.

»Es ist Donnerstag«, flüstert er, kalt, wütend, traurig, als er seinen Teller betrachtet.

»Ich weiß«, sage ich. Draußen ist es kalt und grau, Thatcher hat gerade alle Bergwerke geschlossen. Heute hat er beim Jobcenter einer Ratte dabei zugeguckt, wie sie eine tote Taube gefressen hat. Er braucht nur noch ein Frauenschlägerhemd und den Teller gegen die Wand zu schmeißen, und heute Abend werden wir gesendet, bei Arte.

»Wir essen nie Omelett an einem Donnerstag«, flüstert er. »Donnerstags essen wir Fischstäbchen!«

»Die Omeletts sind eine Option«, erkläre ich. »Kein Pflichtessen. Eine Möglichkeit, die ihr entdecken dürft.«

Er seufzt, gibt Baby Leo sein Omelett – Baby Leo flüstert »Danke sön!« – und fängt an, mir von der Schule zu berichten.

Zwanzig Jahre Deutschland und ich habe immer noch keine Ahnung, was die Deutschen so essen. Ich gucke ihre Einkaufswagen an, um eine Ahnung zu kriegen – aber ich kann es mir trotzdem nicht vorstellen, wie das ist, bei denen zu Hause. Die Deutschen laden mich kaum zum Essen ein – an Silvester laden sie mich zum Raclette ein und im Sommer zu Grillpartys, aber was macht die deutsche Hausfrau Montag, Dienstag,

Mittwoch, Donnerstag, Freitag, nach der Arbeit, nach der Schule, zu essen? Machen sie echt so Abendbrote? Ich bin britischer geworden in der letzten Zeit, ehrlich gesagt. Ich mache wieder Sachen wie Toad in the Hole – Bratwürstchenauflauf – oder Bubble & Squeak – die Gemüsereste zusammengestampft mit Kartoffelbrei und alles zusammen gebraten –, was mein kleiner Nordengländer ganz okay findet. Und: Fish Cakes.

Ja. Ich mache Fish Cakes. Und, um die Wahrheit zu sagen, die sind nicht ganz so fluffig, wie sie eigentlich sein sollten, ehrlich gesagt fallen sie ein bisschen auseinander.

Der Nordengländer ist unbegeistert.

»Was zur Hölle«, fragt er leise und langsam, »hast du hier gemacht?«

Wenn ich Baby Leo nicht hätte, vielleicht würde ich das aufgeben mit dem Kochen und so. Aber Baby Leo lacht vor Freude, wenn er die unfluffigen Fish Cakes sieht, und ruft: »Danke Mama!« Dann beißt er langsam in jeden rein und sagt: »MMMMMMMMMMMM.« Er hebt einen hoch und sagt: »MMMMMMMMMMMM.« Echt, dieses Kind könnte in einer Fish-Cake-Werbung mitspielen.

»Fish Cake«, sage ich zu Baby Leo.

»Fisch nyum«, sagt er.

»Ist es lecker?«, frage ich.

»Jaaaaaaaa!«, ruft er. »Fisch nyum! Nyum Fisch!«

Ich glaube, Baby Leo wird später kein Vegetarier. Wir sagen ihm ganz oft, dass Schweinefleisch von Peppa Pig kommt, und er sagt immer nur »Pig Nyum«.

Ryan der Teenager stochert an seinen Fish Cakes rum.

»Das ist eine britische Spezialität«, sage ich. »Die ganzen rassistischen Menschen in England lieben Fish Cakes. Alle deine rassistischen Vorbilder! Boris Johnson isst nur noch Fish Cakes.«

»Mum«, sagt er. »Ich bin kein Rassist. Ich habe keine rassistischen Vorbilder. Ich bin ein progressiver Patriot.«

»Auch die progressiven Patrioten lieben Fish Cakes«, sage ich. »Wenn du diesen Fish Cake nicht probierst, kannst du dich nicht mehr patriotisch nennen!«

»Mir wäre es recht, du wärst eine deutsche Hausfrau«, sagt er. »Und wir würden ab und zu richtig deutsches Essen bekommen. Leberkäse. Königsberger Klopse. Kartoffelsalat ... nicht aus der Packung!«

»Ich mache es einmal pro Woche wie die deutsche Hausfrau«, sage ich.

»Wann?«, fragt er.

»Mittwoch. Der Abendbrot-Abend«, sage ich.

Ich bewundere die deutsche Hausfrau so sehr, ehrlich gesagt. Meine Abendbrot-Abende sind die schönsten der Woche. Weil Ryan der Teenager sich ausschließlich von Energy Drinks und Streuselschnecken ernährt, wenn er in der Schule ist, darf ich das nicht öfter als einmal pro Woche machen. Aber wie schön ist das denn! Schinken Salami Käse auf den Tisch, bish bash bosh. Bisschen Nutella vielleicht. Toastbrot und, wenn ich nett sein will, Schrippen. Paar Tomaten. Bish bash bosh. Paar Joghurts. DINNER IST FERTIG!!!

Wie cool ist die deutsche Hausfrau! Sie hat sich den Ruf geangelt, die beste Hausfrau der Welt zu sein, und die faule Schlampe kocht nur am Wochenende und muss im Grunde nie abwaschen. Ich frage mich, ob Liese tatsächlich einen Essensplan schreiben muss, oder ob sie nur BROT UND SALAMI hinschreibt beim Montag und dann darunter immer: s.o., s.o., s.o.

Wahrscheinlich, denke ich, legt die deutsche Hausfrau das Brot in einen Korb. Ich kann mir voll gut vorstellen, dass sie so was Perverses und Sinnloses machen würde. Trotzdem ist sie die faulste Hausfrau der Welt und niemand gibt es zu. Ich beobachte meine Jungs. Das Baby isst, als ob es sich entschieden hat zu essen und jetzt muss es alles fertig kriegen, sonst darf es nicht aufstehen. Aber er sieht dabei nicht traurig oder unterdrückt aus, nur entschlossen. Er ist konzentriert. Er ist richtig dabei. Sein Bauch ist dick und rund und sein Gesicht strahlt wie die Sonne. Der Teenager, mein ältester Junge, mein bester Freund, strahlt auch – aber wie der Mond. Er ist klug und weise und weiß und provokativ – dünn und zierlich. Er isst wie ein Spatz, seine Haut ist silbern, seine Wangen scharf. Ich bin eine Frau, die nie ordentlich denkt, meine heimlichen Gedanken sind fast nie langweilig. Aber ich liebe meine Kinder so sehr wie die langweiligste deutsche Hausfrau, die je gelebt hat. Obwohl ich manchmal Bubble & Squeak serviere. Und Fish Cakes, die nicht fluffig genug sind.

On a break

Ich habe schon gesagt, dass mein Freund und ich wie Ross und Rachel sind, oder? Und jetzt sind wir das wirklich, denn wir sind *on a break*. Er ist ausgezogen, und er weiß nicht, ob und wann er zurückkommt.

Aus Rache an ihm verlasse ich, sehr verbittert, den Facebook Parenting Book Club. Jetzt brauche ich mich nicht mehr als Partnerin zu verbessern, wenn er weg ist. Stattdessen werde ich Mitglied bei einer Babysitting-Börse für englischsprachige Alleinerziehende. Man soll da mindestens einmal im Monat umsonst für jemanden babysitten. Das ist die einzige Regel dieser Gruppe. Und so lerne ich Nancy kennen.

Nancy ist nur golden: goldene Haare, goldener Lidschatten, goldene Ketten, riesige goldene Ohrringe. Bronzene Haut, weiße Sonnenbrille. Schwarze Lederjeans. Sie ist voll jung. 27 Jahre alt – irgendwie hatte ich vergessen, dass man in den Zwanzigern gebären kann –, und sie ist eigentlich Deutsche, obwohl sie das Kind bilingual erzieht, weil es in New York geboren und der Papa, der viel zu wenig Unterhalt zahlt, Amerikaner ist.

»Du kannst zum Jobcenter gehen«, erkläre ich ihr, als sie

vorbeikommt, um mir ihren Sohn Kieran für den Nachmittag zu bringen.

»Achso«, sagt sie. Sie nickt. »Ich meinte, viel zu wenig für einen Amerikaner, nicht für einen Deutschen. Das Jobcenter wird mir nicht viel helfen können, ehrlich gesagt.«

Sie geht weg, und Kieran und Baby Leo spielen nett zusammen, aber dann merkt Kieran plötzlich, dass seine Mama weg ist.

»Ich will wissen, wo meine Mama ist«, sagt er, höflich, entschlossen. Er kann so gut sprechen, mein Herz platzt vor Neid.

Baby Leo läuft zu ihm.

»Om!«, sagt Baby Leo.

Baby Leo ist drei Wochen jünger als Kieran.

Kieran guckt mich interessiert an.

»Was heißt dieses Wort?«, fragt er. »Om? Ich kenne dieses Wort nicht.«

»Niemand weiß, was dieses Wort heißt«, erkläre ich. »Na ja, außer Baby Leo natürlich. Manchmal denke ich, es heißt *komm* oder *Zuhause*, wie *home*. Oder *oben*? Manchmal denke ich, dass es oben heißt. Aber ich bin unsicher.« Ich drehe mich zu Baby Leo und sage: »Es tut mir leid, dass ich dich nicht immer verstehen kann.« Aber Baby Leo versteht mich nicht, er lacht nur.

»Om!«, ruft er. »Horsie! Auwa! Om!«

Kieran beobachtet ihn, fasziniert.

»Er ist wie ich«, sagt er, nach einer Weile. »Aber ich kann nicht mit ihm sprechen. Weil er komische Worte sagt.«

Baby Leo zeigt uns beiden einen Plüschwal.

»Das, Fisch« sagt er ernsthaft.

»Ist das ein Fisch?«, frage ich.

Er lacht. »Nein!«, ruft er. »Das Waaaaaaaaal.«

Ich lache auch. Er kann nicht sprechen, aber verbessert mich jetzt schon. Irgendwie mache ich mir nicht so viele Sorgen über seine Sprache, denn mit den paar Worten, die er hat, versucht er schon, Witze zu machen. Er muss doch in Ordnung sein, oder? Einmal hat er auf die Flosse seines Wals gezeigt und gesagt: »Mama, Fish-Finger.« Und außerdem scheint er doch vieles zu verstehen. Neulich sagte ich auf Englisch »I'm going to make an appointment now«, und er brachte mir mein Handy und rief sehr laut »DOCTOR!« Aber der Vergleich zwischen ihm und diesem Kieran ist ein bisschen deprimierend. Im Vergleich zu ihm könnte Kieran bei *Hart aber fair* auftreten.

»Was wollen wir machen?«, frage ich Kieran, »Hast du Bock, Netflix zu gucken?«

Kierans Gesicht geht zu – es sieht aus, wie wenn eine Wolke einen schönen blauen Sommerhimmel ruiniert. Sein Mund ist hart und eng, seine Augen hart und leer.

»Ich will nichts machen«, sagt er.

»Nein?«, frage ich.

»Ich will wissen, wo meine Mama ist«, sagt er. Und fängt an zu heulen. Die Wolke ist aufgegangen, denke ich. Als er heult, umarme ich ihn, aber wenn ich ihn umarme, wird Baby Leo eifersüchtig und schlägt ihn. Ich muss mich irgendwie auf den Boden legen. Kieran auf dem Sofa, heulend, ich umarme ihn mit einem Arm, Baby Leo auf dem Boden, lachend, ich umarme ihn mit dem anderen. Kieran weint. Sehr laut. Ich weiß, man soll eigentlich die Gefühlsausbrüche der Kinder akzeptieren, denn wenn man ihnen beibringt, diese Gefühle zu unterdrücken, werden die Jungen später vielleicht, oder sogar wahrscheinlich, Frauenschläger. Habe ich mal gelesen. Aber Kieran weint wirklich sehr laut, und ich mache mir Sorgen wegen der Nachbarn, und jetzt versuche ich alles, um ihn vom Weinen abzulenken, und wenn ich sage »alles«, meine ich alles: Peppa Pig, Baby Bus, Tayo, Cars, Eis essen, Joghurt essen, Smarties essen, Kissenkampf, Kinder Buenos essen, Frosties essen, mit Knete spielen, Seifenblasen machen. Dieses Kind bleibt knallhart.

»Bubble!«, sagt Leo.

»Ich will wissen, wo meine Mama ist«, sagt Kieran.

»Mama weg«, sagt Baby Leo hilfreich. »Mama alle, alle.«

Kieran guckt mich eisig an. »Sag deinem Kind. Meine. Mama. Ist. Nicht. Alle. Alle.«

Endlich finde ich raus, was ihn vom Heulen ablenkt: The Pointer Sisters, »I'm So Excited«, und wir springen von einem Sofa auf das andere, scheiß auf die Nachbarn, ab und zu tut Baby Leo so, als ob er ein Hund wäre, und leckt den Boden oder das Sofa ab.

»Er ist nicht wirklich ein Hund«, erklärt mir Kieran. Als Nancy endlich kommt, schmilzt dieses harte eisige Kind, springt in ihre Arme und sein hartes Gesicht wird sanft und offen und sonnig.

»Hat er viel geweint?«, fragt Nancy.

»Ein ganz kleines bisschen am Anfang«, lüge ich.

»Auwa«, sagt Baby Leo. »Sad. Loud. Auwa.«

»Deine Wohnung«, flüstert Nancy und ich gucke mich um. Es sieht aus, als wäre ich ausgeraubt worden von Menschen, die nach einem bestimmten Dokument gesucht haben. »Ich mache morgen sauber«, sage ich. Es ist streng verboten in dieser Gruppe, Geld anzunehmen fürs Babysitten, aber Nancy darf mich zum Essen einladen, und deswegen lädt sie mich und Leo zum All-You-Can-Eat-Sushi ein.

So hübsch und jung und überhaupt goldig ist sie, dass zwei verschiedene Männer sie fragen, obwohl wir mit Kindern unterwegs sind, ob sie ihre Telefonnummer haben dürfen. Oder vielleicht, denke ich, denken sie, dass sie meine Nanny ist und ich bin eine voll erfolgreiche Business Mama, ha, geil. Eine deutsche Frau sagt auch was zu uns, nämlich, dass wir aus Rücksicht auf die anderen Gäste unsere Kinder besser in den Griff kriegen sollen. Ich will gerade anfangen zu streiten, als ich merke, wie Nancy fröhlich lacht, ihre Hand mit den French Nails hin und her winkt wie Prinzessin Margaret, und sehr höflich sagt: »Diese Kinder sind zu jung, um kontrolliert zu werden, Sie verstehen das nicht.« Sie lächelt und zuckt mit den Schultern. »Sie können es selber probieren, wenn Sie wollen.«

Ich bin beeindruckt, ich hätte mich gestritten, und wenn die

Sache schiefgegangen wäre, hätte ich die Frau »Nazi« genannt, ich merke aber, dass Nancys Freundlichkeit die Frau viel mehr nervt.

Wir trinken Wein und Kieran und Leo spielen unter dem Tisch, dass sie Hunde sind, oder vielleicht Wölfe.

»Unsere Kinder sind so perfekt, oder«, sagt Nancy. »So perfekte Jungs, traumhaft.« Sie trinkt den Wein sehr schnell, merke ich.

»Ich habe eine Freundin, die ist mit so 'nem Zahnarzt verheiratet, und sie sagt immer, sie könnte nicht alleinerziehend sein. Aber ihr Kind ist so was von anstrengend, ey. Lieber ein braves Kind allein als ein schwieriges Kind zu zweit, das ist mein Motto.«

Baby Leo leckt das Tischbein ab, und ich merke, dass ich betrunken bin, denn es ist mir gar nicht peinlich.

»Männer sind manchmal schwieriger als die Kinder«, sage ich, denke aber, dass ich nur cis Männer meine und nur die Hälfte davon. Aber ungefähr die Hälfte der Männer ist scheiße, oder? Das ist cissexistisch, denke ich, heteronormativ, männerfeindlich, klischeehaft, altmodisch – und wahr.

»Ich habe bei Kierans Papa die Mails gelesen, er hatte 'ne Affäre. Als er gesehen hat, dass ich geschnüffelt hatte, hat er uns rausgeschmissen. Wir mussten im Obdachlosenheim schlafen. Dann durften wir wieder rein, aber wir mussten in der Küche schlafen. Mir hat's nichts ausgemacht, aber es war zu kalt für Kieran, weißt du, er konnte nicht gut schlafen in der Küche, wir hätten in einem richtigen Zimmer schlafen sollen. Dann habe ich gesagt, okay, ich fliege zurück nach Deutschland, und dann bin ich hier geblieben.«

Ich wundere mich immer, wie viele Frauen, die so selbstbewusst rüberkommen im Leben, sich von ihren Männern wie Dreck behandeln lassen haben.

»Warum habt ihr nicht im Wohnzimmer geschlafen?«, frage ich, »oder in Kierans Zimmer?«

»Es sollte eine Lektion für mich sein«, sagt sie.

Ich habe ein bisschen ein schlechtes Gewissen, dass ich mich bei der Alleinerziehenden-Babysitting-Börse angemeldet habe, obwohl ich eigentlich glaube, dass mein Freund sich entschuldigen wird und nach Hause kommt und wir vertragen uns. Und vielleicht werden wir, nachdem wir uns vertragen haben, eine bessere Beziehung haben, so auf Augenhöhe und so, und nicht auf Hass gegründet. Aber ich sage ihr nicht, dass ich das glaube, ich will nicht aus der Gruppe geschmissen werden, falls er sich nie entschuldigt. Dann werde ich die Babysitting-Hilfe brauchen.

»Es ist schwer manchmal mit den Männern«, sage ich.

Ich erinnere mich, als der Teenager ein Baby war und wir in dem Frauenhaus waren. Da lebten fast alle Frauen von Hartz IV, was damals ganz neu war. Wenn die neuen Hartz-IV-Bescheide ankamen, haben die Frauen immer gesagt: »Jetzt bin ich mit dem deutschen Staat verheiratet.« Einmal sagte eine Frau: »Mein neuer Mann repariert nichts, er geht nie in den Baumarkt – aber er schlägt mich auch nicht und gibt mir gerne Geld.«

Die Rechnung kommt und Nancy gibt zehn Euro Trinkgeld. Ich entscheide, dass Nancy super undeutsch ist, irgendwie. Trotz ihrer blonden Locken würde die AfD sie auch ins Lager stecken. Zehn Euro Trinkgeld. Ich habe so was noch nie gesehen.

»Ich mache nächste Woche Alleinerziehenden-Pyjama-Party«, sagt Nancy. Bevor sie losfährt, küsst sie mich in die Luft. Bin ich alt geworden? Sind deutsche Leute manchmal so? Oder haben die Jahre in New York sie verändert? Ich laufe nach Hause und denke darüber nach, was für ein schöner Tag das gewesen ist, obwohl er anstrengend war und obwohl die Wohnung jetzt wie ein Tatort aussieht. Wenn mein Freund zu Hause gewesen wäre, hätten wir keinen Spaß gehabt. Selbst wenn wir uns nicht gestritten hätten. Spaß wäre das nicht gewesen. »Männer mögen Frauen und Kinder nicht«, sage ich mir im Kopf, dann denke ich an die Queer-Papas, die mit ihren Kindern Teddys basteln und Mützen stricken und so. »Cis Männer mögen Frauen und Kinder nicht«, korrigiere ich mich. Dann denke ich: »Ungefähr 50% der cis Männer mögen Frauen und Kinder nicht.«

Nachdem ich in meinem Kopf alles politisch korrekt verbessert habe, fange ich wieder an, auf Männer zu scheißen. Ich denke, die einfache Wahrheit ist, dass Männer Frauen und Kinder nicht besonders mögen. Sie mögen es nicht, früh aufzustehen, statt lang schlafen zu können. Sie mögen es nicht, Baby Bus oder Peppa Pig zu gucken statt Sport. Sie mögen es nicht, Bobo (vor)zulesen statt die Zeitung. Sie mögen Fischstäbchen nicht und Spielplätze und den Lärm. Und den Schmutz. Sie mögen keine schmutzigen Schokofingerabdrücke auf dem weißen Sofa. Ich male mir aus, wie mein Freund sich ausmalt, wie sein Leben ohne mich und Baby Leo wäre. Ein weißes Sofa in einem weißen Zimmer. Geld überall und eine hübsche dünne Frau mit schönen Titten. Cocktailgläser. Sport im Fernsehen. Fenster, die glänzen. Ein Boden, der glänzt. Es gibt keine Kugelschreiberkritzel auf der Wand. Es riecht nicht nach Kacke.

Es gibt bestimmt Männer, die Frauen und Kinder mögen, denke ich, aber meiner gehört nicht dazu. Ich denke an die Zeit von Jane Austen, wie die Kinder einfach weggeschickt worden sind, bis sie drei oder vier waren, um von den Ammen im Dorf großgezogen zu werden, man dachte, dass Kinder unter diesem Alter zu unzivilisiert wären, um mit netten Menschen zu leben. Alle denken, dass die Existenz von Alleinerziehenden so eine feministische Leistung ist, aber vielleicht sind sie nur die Ammen des 19. Jahrhunderts. Aber egal, irgendwie freue ich mich auf die Pyjama-Party. Ich werde Sekt mitbringen.

Leichter alleine?

Ich treffe mich mit Sadie auf dem Spielplatz. Klimawandel ist doch globale Erwärmung, oder? Früher gab es Winter in Berlin, da habe ich monatelang nicht den Spielplatz gesehen, aber jetzt treffen wir uns und ja, wir brauchen Handschuhe und so, aber es geht. Es geht. Schreckliches Gefühl, den Berliner Winter deswegen ertragen zu können, weil die Menschheit bald aussterben wird.

»Mein Freund ist ausgezogen!«, sagt Sadie.

»Was?«, frage ich.

»Na ja«, sagt sie. »Wahrscheinlich ist er nicht mehr mein Freund.«

Florian. Ich fand ihn immer sehr nett. Ziemlich sexy. Bisschen geizig. Ganz okay.

»Und wie geht's dir jetzt?«, frage ich, unsicher, ob sie sich freut oder ob er eine andere gefunden hat.

»OH MEIN GOTT!«, ruft sie. »Ich habe so viel Freizeit jetzt. Ich verstehe das gar nicht. Ich verstehe das echt gar nicht. Er hat doch mitgeholfen im Haushalt, wenn ich es aufgeschrieben habe auf dem Plan, und ich finde, ehrlich gesagt, es ist nicht mehr Arbeit, für drei zu kochen statt für zwei, oder? Ist nicht der Rede wert. Aber woher kommt diese Extrazeit? Bilde ich mir das nur ein?«

Ich antworte nicht sofort, sondern kaue an meiner Unterlippe. Woher kommt diese Extrazeit? Ich habe die jetzt auch, jetzt, wo mein Freund ausgezogen ist – er kommt nur am Wochenende, um die Kinder zu sehen, und dann leben wir wie in einer Patchwork-WG. Jetzt beschwert er sich NIE über die schmutzige Wohnung, und ich fühle mich so befreit, ich fühle mich, als ob ich so, so, so, SO viel mehr Zeit hätte. Aber woher kommt diese Zeit? Er macht ein bisschen mehr, wenn er da ist, und ich koche viel weniger. Wenn er da ist, koche ich gar nicht – aber eigentlich denke ich, dass es eine Energiefrage ist. Ich habe mehr Zeit, weil ich mehr Energie habe. Es raubt deine Energie, in einer cis-heterosexuellen Beziehung zu sein, in der er rumliegt und du arbeitest, aber deine Arbeit nicht wertvoll ist und du kein Mensch bist. Die Arbeit der Hausfrauen ist körperlich, aber versteht mich nicht falsch: Neulich habe ich einen Porno gesehen, wo ein Geschäftsmann eine junge nackte Frau als Fußschemel benutzt hat, und ich dachte bei mir, dass dieses Bild ganz genau die Beziehung zwischen mir und meinem Freund illustriert. Mein Körper – seine Entspannung. Aber manchmal, jetzt, wo er weg ist, denke ich, dass es nicht die Arbeit war, die mich so erschöpft hat, die Arbeit, die Anstrengung, die Mühe – sondern seine Entspannung. Die Entspannung der Männer, die auf Kosten der Frauenkörper stattfindet. Warum sonst wäre ich jetzt so befreit, so erleichtert, so glücklich?

Meine Energie kommt daher, dass ich ihm nicht mehr zugucken muss beim Entspannen, und vor allem daher, dass er nicht mehr auf mich guckt, um Fehler zu suchen. Wir sind beide befreit jetzt – ich bin befreit von seiner Kritik, aber es kommt mir so vor, als ob er auch befreit wäre, von seinem Hass. Erleichterung für uns beide. Erholung für mich. Befreiung für ihn? Vielleicht hat er mich nie wirklich geliebt, denke ich traurig, aber dann spüre ich wieder die Erleichterung und die Trauer geht weg.

»Ist es vielleicht wegen Sex?«, fragt Sadie und ich bin überrascht.

»Denkst du?«, sage ich.

»Florian und ich hatten kaum Sex«, sagt sie. »Aber die Idee, nie wieder mit ihm ficken zu müssen, ist so eine Befreiung. Ich fühle mich wie Julie Andrews in den Bergen in Österreich.«

Nachdem wir eine halbe Stunde auf dem Spielplatz waren, gehen wir zur Sadie. Sie packt Sachen weg, die sie bei Netto eingekauft hat. Wir wollen für die Kinder Eierkuchen machen.

Komisch, dass das, was sich für meinen Freund – und vor allem mit meinem Freund – wie unerträgliche Arbeit anfühlt, sich ohne ihn wie Spaß und Freude und Freiheit und Freizeit anfühlt. Ich weiß, wie er mich angeschrien hätte, wenn irgendwas schiefgegangen wäre beim Eierkuchen machen, oder wie er schnauben würde, wenn ein Kind nicht alles aufisst: Komplette Zeitverschwendung! Aber echt, jetzt sitze ich in Sadies Küche, die Kinder gucken KiKa, und ich frage mich, ob es was Schöneres gibt, als mit einer anderen Frau in der Küche zu sitzen, Eierkuchen zu machen und darüber zu lästern, wie a) faul und b) schlecht gelaunt die Männer sind?

Die Kinder kommen, um Eierkuchen zu essen, und Sadie erlaubt ihnen, Streusel auf die Eierkuchen zu machen. Ich versuche, nicht daran zu denken, dass es Diabetes gibt, und nicht an meine Mama, die nicht nur MS hat, sondern auch Diabetes, seitdem sie 11 Jahre alt ist. Wir durften nie Streusel auf unsere Eierkuchen machen – ich glaube, auf so eine Idee käme meine Mama gar nicht. Sie hätte uns wahrscheinlich eher Ecstasy auf unseren Eierkuchen serviert als Streusel. Wir durften zwei Eierkuchen mit Zitronensirup haben, als Hauptspeise, und danach einen Eierkuchen mit Zucker drauf, als Nachspeise. Und wir hatten Eierkuchen nur einmal pro Jahr – zum Fasching. Mein Leben jetzt ist im Vergleich zu meiner Kindheit super dekadent. Jetzt schmeißt Baby Leo seine Streusel auf den Boden und heult, heult, heult. Ich versuche, ihn zu trösten und er schreit: weg weg weg. Und dann versucht er, stur, wütend, trotzig, jeden einzelnen Streusel alleine aufzuheben. Das Leben mit Kindern und ohne Männer ist immer noch Arbeit pur, denke ich mir – aber Arbeit, die auf Freude basiert. Vielleicht werden wir in der Zukunft als Alleinerziehende anfangen und nicht erst durch

Versagen so enden. Vielleicht werden Frauen diesen Versuch einer Partnerschaft aufgeben. Und dann müssen die Kinder gar nicht unter den Trennungen leiden – und die Frauen gar nicht unter dem Zusammenleben mit Männern.

The Tiger Who Came to Fucking Tea

Ich hasse Thomas die Lokomotive (und auch Bobo) so sehr, dass ich sie gar nicht mehr vorlese, sonst werde ich zu wütend. Sind die Züge bei Thomas die Lokomotive frei oder nicht? Treffen sie freie Entscheidungen oder nicht? Wenn sie wegfahren, weg vom Gleis, ist das eine freie Entscheidung? Wenn ja, warum brauchen sie überhaupt einen Lokführer? Und wenn nicht, warum werden sie dann immer dafür von dem dicken Kontrolleur zusammengeschissen?

Der Typ, der diese Bücher geschrieben hat, das war ein Christ, Reverend Wilbert Awdry. Ich glaube, dass ich nicht christenfeindlich bin, aber diese Bücher sind irgendwie eklig, oder? Und ich glaube deswegen, weil er zu christlich war. Sie sind so eklig-christlich – dieses eklige, inzestuöse, kannibalistische, snobistische englische Christentum, oder? Ich denke an reiche englische Frauen in den 1920ern, die akzeptieren, dass ihr Baby gestorben ist, Gott wollte das so. Dieses beklemmende, dieses jämmerliche »Ich esse gerade mein totes Haustier, ich ficke meinen Vater, mein Baby ist mit Gehirndefekt geboren, weil ich meinen Vater gefickt habe, aber weil wir Engländer in den 1920ern sind, reden wir nicht darüber«. So fühle ich mich, wenn ich Thomas-Geschichten vorlese, als ob ich abhauen muss aus einer eklig-christlichen Welt. Wenn die Züge irgendwas tun – egal was, aber immer hat es was mit Ungehorsam zu tun –, dann werden sie bestraft. Und ich hasse es, dass es ihnen immer so wehtut, wenn dieser Scheißkontrolleur von ihnen »enttäuscht« ist. Lass ihn doch enttäuscht sein! Alle menschlichen Emotionen werden bestraft, aber Stolz und Eitelkeit am meisten.

Ja, ich hasse die Bücher und das England, das sie beschreiben. Ich muss einfach kotzen, wenn ich das lesen muss.

Aber Baby Leo liebt sie. Das muss ich zugeben. Er liebt sie einfach, und er liest sie mir gerne vor. »Oh nooooooooo«, sagt er. »Cheeeeee down!«, sagt er. Oh nooooooooo. Jedes Mal, wenn Thomas' Gesicht von der Kohle schwarz geworden ist, ist auf Baby Leos Gesicht so ein echter Schock, ein faszinierter Horror, dass ich ein paar Sekunden lang vergesse, dass ich die Bücher hasse. Er sieht jedes Mal so schockiert aus, als ob es das erste Mal wäre, dass er das sieht.

Manchmal denke ich, dass die Kinder das Leben so interessant finden, dass sie langweilige Bücher brauchen. Thomas reicht denen voll. Die interessanten Kinderbücher, mit Witzen und Monstern und so, sind eigentlich für die Eltern, für die Vorleser geschrieben worden.

The Tiger Who Came to Tea ist nicht langweilig, glaube ich. Es hat eine langweilige Atmosphäre, ist aber doch nicht langweilig. Ich liebe das Buch, aber manchmal habe ich auch das Gefühl, dass ich es hasse.

Ich glaube, dass ich das Buch nicht verstehe. Ich glaube, ich habe das Buch nie verstanden, und ich habe es tausend Mal vorgelesen.

Sophie hat gerade *tea* mit ihrer Mama in der Küche – mir ist es eigentlich nicht klar, ob es sich bei diesem *tea* um Tee oder Abendbrot handelt. Die deutsche Übersetzung, »Ein Tiger kommt zum Tee«, legt sich auf Tee fest, ich bin mir aber unsicher, da das Abendessen, *supper*, das gerade auf dem Herd kocht, nur als »Daddy's supper« bezeichnet wird.

Also Sophie trinkt gerade Tee mit ihrer Mama – dann klingelt es an der Tür. Jetzt kommt das Deprimierendste, was je in einem Buch passiert ist: Die Mama hat keine Ahnung, wer an der Tür geklingelt haben könnte.

Jedes Mal, wenn ich das vorlese, will ich heulen vor Trauer und Einsamkeit und schreien vor Wut und Frust:

It can't be the milkman because he came this morning
And it can't be the boy from the grocer because this isn't the day he comes
And it can't be Daddy because he's got his key

KEINE FREUNDIN
KEINE EINZIGE FREUNDIN
DIE MAMA VON SOPHIE IST SO ALLEIN
SO TOTAL ALLEIN
DASS IHR NIEMAND EINFÄLLT
KEINE EINZIGE PERSON
DIE SIE SPONTAN BESUCHEN WÜRDE

Ich meine, stellt euch das vor, vor Facebook und Handys, das ist so fucking deprimierend. *It can't be Daddy because he's got his key*, die Frau kennt niemanden, NIEMANDEN, sie kennt absolut niemanden in der Stadt, in der sie wohnen, es tut mir so weh, sie tut mir so leid.

Fucking HELL.

Sie hat KEINEN Kontakt zu NIEMANDEM.

Es deprimiert mich so sehr.

KEIN NACHBAR, niemand.

Na ja, an der Tür ist also der Tiger: ein ziemlich höflicher (für einen Tiger) und hungriger Tiger. Doch er frisst Sophie und ihre Mama nicht auf – irgendwie hat man nie das Gefühl, dass sie in Gefahr sind –, aber er isst einfach alles, was im Haus ist. Er isst die Sandwiches und die Schokobrötchen, dann die Kekse und den Kuchen. Er ist zivilisiert – aber trotzdem nervt er. Er isst das ganze Abendessen, was gerade auf dem Herd steht, und das ganze Essen im Kühlschrank – und die Packungen und Dosen im Schrank. Und er trinkt ganz viel – den ganzen Tee, die ganze Milch, den ganzen Saft, das ganze Bier (vom Papa) und, ein bisschen unglaubwürdig, das ganze Wasser aus dem Hahn.

Und dann geht er – und plötzlich sind Sophie und ihre Mama konfrontiert mit einer neuen Realität. Und die Mama weiß nicht, was zu tun ist.

»I don't know what to do. I've got nothing for Daddy's supper, the tiger has eaten it all.«

Hilflos steht sie da, mit genau den gleichen dicken Beinen wie ich, dicke und kurze Beine, Würstchenbeine, Kleinkindbeine – die Beine von einer nutzlosen Frau, die niemanden kennt in der Stadt, in der sie lebt, außer ihrem Mann und ein paar Lieferanten.

Und Sophie kann doch nicht baden, weil sogar das Wasser aus dem Hahn vom Tiger leergetrunken worden ist.

UND DANN … kommt Sophies Papa nach Hause.

Sophie und ihre Mama erzählen ihm, was passiert ist, und sehen dabei wie lügende Kleinkinder aus – die Mama ist nicht viel größer als Sophie in diesem Bild. Dann kommt der Papa mit der Rettung – *a lovely supper* im Café, und es klingt, muss man sagen, echt *lovely*: *sausages and chips and ice-cream*. Der Papa lächelt im Café, aber er sieht auch echt müde aus – und ist da ein bisschen skeptische Verzweiflung in seinen Augen wegen der Tigergeschichte, oder bilde ich mir das nur ein?

Am nächsten Tag kaufen Sophie und ihre Mama eine Dose »Tiger Food« – falls er je wieder kommt. Macht er aber nie. Happy End? Ich weiß nicht. Bisschen schwer zu sagen. Ob es wieder Wasser gibt im Badezimmerhahn? Wahrscheinlich. Aber Sophies Mama ist immer noch so isoliert – fast so isoliert wie Rapunzel im Turm.

Unsere Alleinerziehenden-Babysitting-Börse trifft sich zum Frühstück in einem Kindercafé in Kreuzberg.

»Ich glaube ich hasse *The Tiger Who Came to Fucking Tea*«, sage ich zu einer Russin, nur um Smalltalk zu machen eigentlich.

Sie hebt eine Augenbraue.

»Ich mag es!«, sagt sie. »Der Vater als Rettung. Ich will gerettet werden. Und sausages and chips! Bestimmt muss sie ihm später einen richtig guten Blowjob geben. Voll romantisch.«

Russinnen sind manchmal so lustig, finde ich, als ob alles, was sie wollen, ist, deutsche Frauen zu empören.

»Warum ist das Abendessen nur für den Vater?«, fragt eine Amerikanerin. »Ich zensiere das immer, ich sage *our supper*. Nothing for our supper.«

»Ich glaube, *tea* ist hier Abendbrot«, sagt eine Irin. »Tea um fünf oder so und dann isst der Papa alleine, wenn er nach Hause kommt, später. So war das bei uns.«

»Bei uns auch«, sage ich. »Tea um fünf oder höchstens sechs und Dinner um sechs oder sieben oder sogar acht.«

Die Amerikanerin ist voll schockiert.

»Eure Mütter haben zweimal gekocht?«

Ich lache. »Nee«, sage ich. »Meine hat einfach die Sachen für meinen Stiefpapa zwei Stunden lang auf dem Herd warmgehalten.«

Eine Engländerin, von der ich weiß, dass sie in Oxford gewesen ist, an der Uni meine ich, redet ganz langsam aber sexy, als ob sie Langeweile hätte:

»Wer hat das gesagt mit der NS-Zeit? War das Michael Rosen? Obwohl die Autorin das abgestritten hat, glaube ich das schon, oder, der Tiger repräsentiert den Faschismus.

Die Autorin, Judith Kerr, wurde in Berlin geboren, ist abgehauen nach der sogenannten Kristallnacht. Kann man lesen in ihrem Buch *Als Hitler das rosa Kaninchen stahl*. In Deutschland ist sie wahrscheinlich vor allem wegen dem Rosa-Kaninchen-Buch berühmt, in England wegen ihrer Katzenkinderbücher, die Mog-Serie. Ein sehr berühmter jüdischer Kinderbuchautor, Michael Rosen, hat neulich, kurz vor ihrem Tod, die These aufgestellt, dass der Tiger als Metapher für die NS-Zeit verstanden werden könnte. Judith Kerr mochte diese Analyse nicht. Sie sagte, sie habe das einfach geschrieben, nachdem sie mit ihrer Tochter im Zoo gewesen ist.«

»Ich verstehe voll, warum Michael Rosen das gesagt hat«, sage ich. »Wie sie zum Café gehen, wie sie dorthin laufen, und die Straßenlaternen sind alle an. Es erinnert einen schon an eine Zeit, als die Lichter in den Städten aus waren, oder? Irgendwie verstehe ich, was er meint, diese Rückkehr zur Normalität, dieses Tiger Food kaufen, nur kommt der nie zurück.«

»Ich glaube, die Mama hat eine Affäre«, sagt die Russin. Sie lächelt. Sie ist supersexy mit superdünnen Augenbrauen und lächelt uns alle elegant und ein bisschen arrogant an. Wir starren sie mit offenen Mündern an. Eine Affäre!! Sophies Mama!!

»Sie kennt doch niemanden in der Stadt!«, rufe ich. »Mit wem könnte sie eine Affäre haben?«

Die Russin zuckt mit den Schultern.

»Guckt mal. Sophie macht Mittagsschlaf, Mama fickt heimlich mit ihrem Lover. Sophie wacht zu früh auf, und die Mama erfindet so eine Geschichte über einen Tiger ...«

»Der Lover hat Papas Biere ausgetrunken!«, sagt die Irin.

»WER KÖNNTE DER LOVER SEIN?«, rufe ich. »DIE FRAU HAT KEINE FREUNDE!«

»Ist bestimmt der Milchmann«, sagt die Russin und schlürft zufrieden ihren Kaffee. Sie sieht so jung und hübsch aus, wie Ariana Grande, und vielleicht hat sie sogar recht mit Sophies Mama.

»Ihr spinnt«, sagt eine Griechin. »Der Tiger ist die Depression, die die Mama bekommt. Wegen dem Tiger kann die Mama nicht mehr kochen und so. Weil sie von der Mutterschaftsdepression so überwältigt ist.«

»Ach ja, und sie hat vergessen, das Geld für das Wasser zu überweisen und jetzt haben sie das Wasser abgestellt!«, sagt die Irin.

»Der Papa sieht schon müde aus im Café«, sage ich.

»Als die ihm das alles erklären, sieht er voll so aus, als ob er denkt: Nicht schon wieder, reiß dich zusammen, Frau«, sagt die Irin.

»Warum kommt der Tiger aber nie wieder? Er muss der Faschismus sein.«

»Dann wird er wiederkommen!«, sagt die Amerikanerin.

»Total umsonst, dieses Tiger Food«, sagt die Russin. »Wie meine Coronavirus-Konserven. Ich habe so viel gekauft. Ich habe siebzig Euro bei Lidl ausgegeben! Das Coronavirus kann kommen, ich bin ausgestattet!«

Damals, als das Buch geschrieben wurde, in den 1960ern, waren Konserven neu und so, man merkt das in der Geschichte. Dass Dosen und Kühlschränke relativ neu waren. Damals haben die Männer gearbeitet und die Frauen haben geputzt und gekocht und den Mamas wurde geholfen durch die Technik, aber nicht von den Männern. Und sie waren so einsam, dass ihnen, wenn es an der Tür klingelte, nur drei Menschen einfielen, die da klingeln könnten, und einer davon war ihr Ehemann.

Was ist passiert? Jetzt sind Dosen unglamourös geworden. Wir kaufen sie eigentlich nur in Zeiten von Epidemien. Die Männer haben sich nicht viel geändert seit der Zeit von Sophies Mama. Die Männer gehen arbeiten. Die Frauen müssen jetzt noch mehr machen als früher. Die Frauen müssen arbeiten UND kochen UND putzen.

Baby Leo läuft zu mir – er watschelt wie ein Betrunkener. Ich liebe seinen plumpen Windelgang – er sieht aus wie eine Ente. Er zeigt mir ein Katapult.

»Flugzeug«, sagt er.

»Wow«, sage ich.

»Nicht wow, Mama«, sagt er. »Flugzeug nicht wow.«

Die Russin lacht ihn dafür ein bisschen aus, aber er ist nicht beleidigt. Er sagt auch zu ihr: »Flugzeug nicht wow.«

»Was ist das denn, Leo?«, fragt sie ihn. »Wenn dein Flugzeug nicht wow ist?«

»Flugzeug Flugzeug«, sagt er.

»Ist ein bisschen wow, oder?«, frage ich.

»Ja, ja«, sagt er, und watschelt wieder in Richtung Spielecke.

»Der ist so lustig«, sagt die Russin.

Ich habe nicht viel mehr Geld als Sophies Mama. Und ich koche wahrscheinlich genauso viel. Ich putze weniger, aber nicht deswegen, weil ich meinen Partner überredet hätte, mir zu helfen, sondern weil ich eine faule Schlampe bin. Was für Fortschritte haben wir gemacht, seitdem Sophie und ihre Mama ihren *tea* gehabt haben? Eigentlich gar keine, oder? Ich habe die gleichen dicken Würstchenbeine wie sie. Ich könnte sie im Film spielen.

Der einzige Unterschied ist: Wenn ich mich hilflos fühle, muss ich nicht warten, bis mein Mann nach Hause kommt, um mich zu retten. Ich kann bei Facebook eine andere Mama anschreiben, ich kann per WhatsApp einer Freundin eine Nachricht schicken. Ich bin nicht alleine. Es klingt unwichtig, aber im Moment ist das gerade das Allerwichtigste für mich.

Opfermentalität

»Für mich ist es halt super wichtig«, erklärt mir Leonie, eine deutsche Freundin, die ich bei der Babysitting-Börse kennengelernt habe, beim Softplay. Leonie ist super feministisch, aber ziemlich unpolitisch, voll kapitalistisch und business-business, immer busy, immer mit viel Energie – und vielen Meinungen. Ich glaube, ihr kennt genau die Art Frau, die ich meine! »Ich achte total drauf, dass das Wechselmodell klappt.«

Das »Wechselmodell« ist das deutsche Wort dafür, wenn ein Kind (mehr oder weniger) 50% seines Lebens bei jedem Elternteil verbringt. Lange Zeit habe ich nicht mehr über solche Sachen nachgedacht. Ich wollte nur eine gute Partnerin sein, nicht eine gute Expartnerin. Aber die Pause zwischen mir und meinem Freund wird immer länger – länger und länger und länger – und die Wahrheit ist, obwohl es mir wehtut, das zuzugeben, die Wahrheit ist: Auch er ist viel glücklicher jetzt. Er macht Witze, in denen es nicht darum geht, dass ich dumm und nutzlos bin; Baby Leo bringt ihn zum Lachen, er scheint viel glücklicher jetzt, wo ich aufgehört habe zu versuchen, ihn glücklich zu machen! Lustig. Vielleicht nicht so lustig? Vielleicht ist das nur traurig.

Das Gute ist, er arbeitet so viel, dass er niemals das Wechselmodell verlangen würde. Kann ich mir nicht vorstellen. Nicht, dass ich gegen Wechselmodell wäre, denke ich, ich denke nur, Baby Leo ist noch viel zu jung, und ich zu … was? Zu irgendwas.

»Ich will nicht«, sagt Leonie, »dass meine Töchter später denken, dass die Mütter zu Hause alles machen, und die Männer gehen arbeiten und bringen das Geld nach Hause. Das will ich denen nicht vermitteln! Mama arbeitet zu Hause, Mama pflegt, Mama kocht. Papa verdient das Geld. Ich will meinen Töchtern vermitteln, dass jeder 50/50 macht. Wir machen beide unseren Anteil. Ich brauche keinen Unterhalt! Ich bin finanziell unabhängig! Ich bin ein Vorbild.«

Ich beobachte Leonies Kinder beim Spielen, Baby Leo ist verschwunden. Leonie geht kurz aufs Klo. Ich denke, dass es gut ist, dass sie nicht will, dass ihre Kinder lernen, dass die Männer Geld verdienen – wenn man bedenkt, dass ihr Ex seit zehn Jahren nicht gearbeitet hat. Er ist kein Drogensüchtiger, Leonies Ex. Er mag Drogen, aber er braucht sie nicht. Er zahlt nie Unterhalt, er geht auch nicht arbeiten und vergisst ab und zu, die Kinder von der Kita abzuholen. Er bringt sie nie an seinen Tagen zum Arzt oder so was. Manchmal muss Leonie ihm Geld leihen, so dass er es sich leisten kann, die Mädchen an seinen Tagen bei sich zu haben, zwei Monate lang musste er wieder bei ihr einziehen. Einmal war ein Mädchen krank, und dieser arbeitslose Papa hat die Kinder beide zu Leonie ins Büro gebracht, weil Kinder seiner Meinung nach, wenn sie krank sind, ihre Mama und nicht den Papa brauchen würden. Dann ist er nach Hause gegangen, um zu schlafen und sich von der Anstrengung, von dieser belastenden Arbeit, zwei Kinder mit dem Bus zur Mama zu bringen, zu erholen. Manchmal braucht man seinen Schlaf, ne. Komisch nur, dass Mütter ihn so viel weniger als Väter brauchen, oder?

Leonies Ex ist ein extremes Beispiel, aber ich glaube, dass viele Väter das Wechselmodell wollen, um Geld zu sparen. THERE, I SAID IT. Das Geld ist ihnen das Wichtigste, nicht die Zeit mit den Kindern. YEAH, YOU HEARD ME, I SAID IT. Ein bisschen Macht, vielleicht, besonders bei gewalttätigen Ehemännern, ne, aber vor allem das Geld. YEAH, I SAID IT, I SAID IT, OKAY. Ich glaube, in ziemlich wenigen Fällen geht es ihnen um die Kinder.

Und wenn ich meine Freundinnen anschaue: Sogar bei den Familien, wo das Wechselmodell klappt, funktioniert es oft auf Kosten der Mütter. Es sind die Mütter, die alles organisieren und arrangieren müssen – Termine, Arzttermine, Elternabende, Freizeittermine, Hobbys und so –, durch die Tatsache, dass die Kinder viel Zeit beim Papa verbringen, sind die Mama-Tage vollgestopft mit Pflichtterminen. Und es sind immer noch die Frauen, die die Schuld kriegen für das, was der Papa nicht macht, komischerweise. Die Mama macht den Termin, die Mama erinnert sich an den Termin, die Mama erinnert den Papa an den Termin, der Papa vergisst ihn – aber die Erzieherinnen, Lehrer, Ärztinnen, Sozialarbeiter denken, die Mama ist schuld – verplant, überfordert. Manchmal denke ich mir, ich wäre so ein toller Vater gewesen!

Leonie ist zurück vom Klo.

»Ich hasse es, wenn Alleinerziehende so 'ne Opfermentalität haben!«, sagt sie. Sie redet immer darüber, ich glaube, sie findet, dass ich voll die Opfermentalität habe. »Ich erziehe nicht allein! Ich erziehe MIT. Die Kinder haben einen Vater, der verantwortlich ist! Wenn ich den Vater ausschließe aus dem Leben der Kinder, aus der Kindererziehung, aus der Vaterrolle – dann sollte ich doch wohl die Schuld bei mir suchen, wenn ich überfordert bin? Oder, Jacinta? Man muss die Männer ab und zu doch zwingen, ihren Anteil an Kindererziehung mitzumachen.«

Ihr Handy klingelt. Ihr Gesicht zerfällt. »Mmmmmmh«, sagt sie, Stirn gerunzelt, »mmmmmh«, sagt sie. »Ich verstehe«, sagt sie. Mund hart. Mund zu. Handy auf den Tisch geworfen.

»Er ist plötzlich nach Amsterdam geflogen«, sagt sie. »Er wird die Kinder doch nicht abholen kommen können. Es ist kurzfristig was dazwischen gekommen. Wir können doch bei euch übernachten, wenn das Angebot noch steht?«

Ich nicke.

»Ich sollte ihm sagen, dass er beim nächsten Mal mit dem Zug nach Amsterdam fahren soll.«

Ich nicke noch mal.

»Mach dir keine Sorgen, Jacinta. Ich werde dafür sorgen, dass er seine Tage nachholt. Ich habe keine Opfermentalität, was so was angeht. Ich bin keine Alleinerziehende.«

Ich nicke, stehe auf, gucke, ob ich Baby Leo sehen kann. Er ist immer übermütig im Softplay. Mir kommt Leonie doch wie eine Alleinerziehende vor, wenn ich ehrlich bin. Mir kommt es so vor, als ob sie versucht, drei Menschen gleichzeitig zu erziehen. Ihre zwei süßen Töchter … und ihren Exmann!

Die Romantik

Der Milliardär und die Alleinerziehende
Die Putzfrau und der Öltycoon
Erpresst von meinem heißen Chef!
Das Versprechen des Millionärs
Der süße Kuss des heißen Geschäftsmannes

Ja ja. Ich bin eine Feministin. Ich bin eine Sozialistin. Ich bin eine sozialistische Feministin und eine feministische Sozialistin.

Aber ICH HABE EIN GEHEIMNIS: Ich lese immer noch gerne Groschenromane!

Jetzt dank dem Kindle – Geschenk von meinem Exfreund übrigens, er ist nicht *nur* ein Arschloch – kann ich sie sogar heimlich in der U-Bahn lesen. Ich muss nur versuchen, nicht zu sehr so auszusehen, als ob ich gerade Spaß habe, sonst wissen alle, ich lese was Schönes und keinen Brecht/Goethe.

Meine Lieblingshandlung geht so: Ein armes dünnes bescheidenes blondes schüchternes, aber doch ziemlich sexyes (wegen dem vollen Mund) Mädchen hat mit einem Millionär/Milliardär/Billionär (egal) mit schwarzen Haaren (wichtig) einen One-Night-Stand. Kondom kaputt, er merkt's nicht. Missverständnis am Morgen – er glaubt, dass sie eine Golddiggerin ist. Schmeißt sie raus, meidet ihre Telefonanrufe (er hasst Golddiggerinnen). Sie gebärt alleine. Kriegt Zwillinge. Lebt in Armut. Von Sozialhilfe, aber auch als Putzfrau/Cocktail Waitress. Er trifft sie spontan 2, 3, 4 Jahre später, ist voll heiß auf sie, sie küssen sich, er sieht aus Versehen die Kinder und merkt sofort, dass a) der Junge ADHS hat und b) sie seine sind (wegen der Haare/vielleicht Nasen). Jetzt zwingt er sie, in ein großes Haus zu ziehen, dann ficken sie – ihre Nippel sind irgendwie hart, aber auch wie Erdbeeren. Sie heiraten, wegen der Kinder. Sie ficken oft, wegen der Hitze, aber auch wegen der sexuellen Anziehung. Am Ende merken sie, dass sie sich lieben, wegen der Liebe. THE END.

»Wie kannst du so was lesen?«, fragt mich Leonie.

»Ich mag diese Bücher«, verteidige ich mich.

»Ausgerechnet du als Sozialistin!«, sagt sie missbilligend. »Die Frauen heiraten am Ende immer Milliardäre!«

»Ist das so unsozialistisch?«, frage ich. »Geht es nicht eigentlich um eine große Umverteilung des Reichtums? Von den reichen Männern zu den Alleinerziehenden?«

Leonie schüttelt den Kopf.

Was tatsächlich interessant ist: Der Mann MUSS ein Milliardär sein, sonst kann das Familienleben nicht romantisch dargestellt werden. Diese Öltycoons in den Groschenromanen haben eine Armee von Dienstleuten, die die Alleinerziehende entlasten: Nannys, Köche, Chauffeure, Putzfrauen, Haushälterinnen ... Sogar in der größten Phantasie der überstrapazierten Hausfrau wird das Elend der Frauen, die Erschöpfung der Mütter, NIE erleichtert durch einen normalen Mann, der 50% der Arbeit macht. Mithelfen gibt's nicht.

Manchmal gibt es eine Szene in diesen Büchern, wo die Alleinerziehende den Koch nach Hause schickt, und dann kocht sie ihm irgendwas mit Kartoffeln oder vielleicht eine Hühnersuppe – und die Jahre der Sternekoch-Gourmetessen schmelzen weg, so Proust-mäßig, und der Milliardär will die blonde dünne Alleinerziehende sofort heiraten. Und womöglich ist es wahrscheinlicher, einen reichen Mann zu finden, der dir eine Nanny zahlt, als einen normal verdienenden Mann, der tatsächlich die Haushaltsaufgaben und die Kindererziehung als Teamarbeit sieht.

There is no »I« in »team« – und manchmal fürchte ich, auch keine echte Partnerschaft mit cis Männern.

MLM: eine Alternative

Früher, bevor ich schlafen ging, habe ich immer »Ich bin verheiratet mit einem reichen Mann« auf einen Zettel geschrieben, den ich dann unter mein Kopfkissen gelegt habe. Dumm von mir, jetzt merke ich das. Aber in einer Welt, die Mütter und Kinder so behandelt wie diese, was gibt es für Möglichkeiten, dass eine Alleinerziehende raus aus der Armut kommt? Lotto gewinnen oder reichen Mann heiraten.

Mit Arbeit wird das nichts mehr, denke ich manchmal.

Ich muss an meine Freundinnen Jamie und Di aus der Highschool denken. Di ist Krankenschwester geworden, keine Kinder, meine Freundin Jamie Grundschullehrerin, zwei Kinder.

Jamie hatte mal eine Zeitlang bei Juice Plus mitgemacht: Die Firma, die Nahrungsergänzungsmittel vertreibt, wirbt offensiv gesundheitsfanatische Leute über soziale Netzwerke an. Wem die Vitaminpillen zu teuer sind, dem bieten die Promoter an, als Verkäuferinnen einzusteigen. Wer es zum »Presidential Marketing Director« schafft, könne allein mit Bonuszahlungen und Provision über 100.000 Euro im Monat verdienen. Jamie war drauf reingefallen und ging uns allen mit ihren Anwerbeversuchen auf die Nerven. Aber sie hat auch ganz schön viel Geld verdient, in ihren besten Monaten über 300 Pfund.

Auf Englisch nennen wir das MLM (Multilevel- oder Netzwerk-Marketing), hier spricht man von einem Schneeballsystem. Diese Direktvertriebe verkaufen in erster Linie Hoffnung. Ihr Produkt sei die Antwort, die Lösung für alle Probleme des modernen Lebens. Und das Produkt zu verkaufen sei kinderleicht, ein flexibler Job, der viele reich machen könne. Aber lukrativer wird es erst, wenn die Verkäufer unter ihren Verwandten, Freundinnen oder Kollegen auch zahlreiche neue Verkäufer anwerben. Obwohl Pyramidenverkaufsmodelle offiziell illegal sind, ist es unmöglich zu verhindern, dass Verzweifelte freiwillig mitmachen. Hausfrauen und Alleinerziehende sind die größten Opfer des MLM-Hypes – oder ist Täter*innen das bessere Wort? Während Tupperware die Partys ausrichtenden Verkäuferinnen ausgehen, machen sich Direktvertriebe neuerdings auch in Deutschland breit.

Das Leben in Großbritannien ist schwer, die Mittelschicht leidet so, wie in Deutschland nur Kik-Verkäuferinnen leiden müssen. Es ist ein prekäres Leben, die Mieten sind teurer, die Arbeitsbedingungen schlechter, das Sozialnetz hat mehr Löcher. Es ist ein Land, in dem Lehrerinnen 300 Pfund extra im Monat wirklich gut gebrauchen könnten und in dem Pädagogen das Lebensziel haben, Millionäre zu werden.

Aber ich verstehe bis heute nicht, warum man, wenn man unbedingt Schminke oder Vitaminpillen haben will, sie nicht in der Drogerie kauft statt bei einer Freundin.

Eine deutsche Freundin, Jana, war früher Empfangsdame, aber dann ist die Firma pleite gegangen, und sie hatte auch eine Juice-Plus-Phase. »Es schien so ein gutes Angebot zu sein«, schreibt sie mir auf Facebook.

»Hast du viel verdient?«, frage ich sie.

»Ich habe nie viel Geld gemacht«, schreibt sie. »Ich bin nicht hart genug, Jacinta. Aber ich kenne Menschen, die davon leben, und jemanden, der jemanden kennt, der Millionär geworden ist. Aber um bei so was Millionär zu werden, musst du so knallhart sein, dass du wohl auch als normale Geschäftsfrau Millionärin geworden wärst. Jetzt habe ich meinen Minijob, und das Jobcenter zahlt meine Miete. Ich schäme mich nicht dafür.« Nach einer Pause kommt noch eine Nachricht: »Aber irgendwie kacke, alleinerziehend zu sein.«

Wo der Staat versagt, locken die MLMs. Die Arbeitgeber wollen flexible Mitarbeiterinnen, aber wenn du früher gehen musst, weil dein Sohn vom Klettergerüst gefallen ist, hört die Flexibilität auf. Ich hatte acht Jahre lang eine feste Stelle, und dreimal haben mein Chef oder meine Chefin vor Wut aufgelegt, als ich anrief, um Bescheid zu geben, dass mein Sohn krank ist. MLMs scheinen die einzige Möglichkeit für un- oder wenig qualifizierte Alleinerziehende zu sein, flexibel sein zu können.

Eine junge britische Verwandte, die ihre Friseur-Ausbildung abgebrochen hat, nachdem sie unerwartet schwanger geworden war, und dann eine Weile fleißig MLM-Arbeit machte, frage ich: »Du verkaufst nicht mehr so viel Zeug im Internet, oder?« Die Geschichte fließt nur so aus ihr heraus: Wie schwer es ist, Arbeit zu finden, wenn man gar keine Qualifikationen, nur einen mittleren Schulabschluss hat, wenn man Kinder hat und unter 25 ist, wie leicht es scheint, Geld mit MLM zu machen, und wie alle dir erzählen, dass du Millionär werden kannst. »Aber eigentlich wollte ich gar nicht Millionärin werden«, schreibt sie. »Ich wollte mich nur vom Jobcenter abmelden.«

»Jetzt bist du wieder aufs Jobcenter angewiesen?«, frage ich.

»Ja, aber ehrlich gesagt verkaufe ich immer noch Zeug im Internet. Ich verkaufe jetzt meine Unterhosen, nachdem ich sie getragen habe. Ist egal, wie schmutzig sie sind. Naja, du kriegst sogar mehr, wenn sie sehr schmutzig sind.«

Ich liege im Bett und lächle mein Handy an. Vielleicht, denke ich, leben wir wirklich in den letzten Tagen des Kapitalismus.

A woman's work is never done

A woman's work is never done: ein alter, nerviger und leider immer noch wahrer englischer Spruch.

Was passiert: Die Technik wird immer besser und besser und deswegen könnte man (könnte frau, eigentlich) Zeit und Energie bei der Hausarbeit sparen. Spülmaschine, Staubsauger, alles könnte einen retten. Aber was ist dann passiert? Die Sauberkeitsstandards erhöhten sich mit der Technik! Jetzt sind die Standards für eine saubere Wohnung so hoch, jetzt sollen alle Frauen in einem perfekten Ikea-Showroom-Instagram-Paradies voller Grau und Rosa und Kerzen und Zitronen in der Glasschale leben – kein einziger Staubfleck und dein Badezimmer soll glänzen wie neu.

Um WIRKLICH eine instagramtaugliche Wohnung zu haben, müsste man zweimal am Tag staubsaugen, denke ich.

Aber noch schlimmer finde ich das mit dem Self-Care.

Genau die Zeit, die Freizeit, die Mütter und Frauen genießen sollen, um sich von der Arbeit zu erholen, ist ZUR ARBEIT GEWORDEN. Die Arbeit der (Haus-)Frauen war immer unsichtbar, aber jetzt ist das Leben einer Frau *nur* noch Arbeit.

Self-Care ist eigentlich ein unfaires Schimpfwort, das überforderten, überstrapazierten Müttern als Allheilmittel an den Kopf gehauen wird, wenn sie nicht mehr können.

»Mein Kleinkind hat mir ins Gesicht gespuckt, anstatt ihn sanft zu ermahnen und mit positiven Worten zu verbessern, habe ich geweint, ich weiß, dass das falsch ist«, schreibt die Bleib-Zu-Hause-Mama zweier Kinder unter drei Jahren in einer Facebook-Gruppe.

»Klingt so, als ob du mehr Zeit für Self-Care brauchst!«, schreiben alle zurück.

In UK gibt es kaum subventionierte Kinderbetreuung, in den Staaten fast gar nichts, und in diesen zwei Ländern schreit man am lautesten, dass Frauen Self-Care machen müssen, um zu vermeiden, dass sie ihre Kinder oder ihren Ehemann anschreien.

»Wann?«, fragt die verzweifelte Mama.

Steh früher auf, trink eine Tasse Kaffee, schreibe in dein Tagebuch, meditiere! Tanke frühmorgens Energie, dann bist du fit für den Tag! Und emotional befreit für die emotionale Arbeit der Kindererziehung!

»Ich brauche aber auch Schlaf«, schreibt sie zurück, man hört durch das Internet ihr verzweifeltes Schluchzen, ihre verzweifelte Erschöpfung!

Was überstrapazierte Mütter nicht brauchen: NOCH eine Pflichtaufgabe, die erfüllt werden muss – sie brauchen eine PAUSE. Sie sollen nicht MEHR machen müssen – sondern WENIGER. Sie sollen nicht noch früher aufstehen, um zu meditieren, damit sie nicht ausrasten, wenn ihre Kinder sich verhalten, wie Kinder sich manchmal/oft verhalten – sondern sie sollen EINMAL pro Woche ausschlafen dürfen! So dass ihr Körper *und* ihre Seele sich beide erholen können von dem Stress, von der Anstrengung, der emotionalen und körperlichen, von der Kindererziehung. Und, wenn eine Mama einmal pro Woche ausschlafen soll – muss ein Papa einmal pro Woche früh aufstehen!

Ja, ja, ja.

Self-Care ist voll wichtig.

Fitness ist super.

Richtig essen? Total wichtig für deinen Körper und auch für deine mentale Gesundheit!

Entspannung Erholung Meditieren Yoga Spaziergänge durch die Landschaft Tanzen Spinnen. Alles super schön, alles super wichtig für eine Mama, die in dieser kapitalistischen Welt ihre Kinder erziehen möchte, in dieser erschöpfenden, wettbewerbsfokussierten Gesellschaft.

Aber egal wie früh sie aufsteht, eine Person kann nicht die Arbeit von zwei oder, lass uns ehrlich sein, drei Personen machen, ohne kaputtzugehen. Es ist egal, wie oft du joggen gehst, meditierst, Kerzen anzündest: Es gibt nur 24 Stunden am Tag. Die Frauen müssen weniger machen und die Männer müssen mehr machen. Eine Frau wird nicht zum Roboter, nur weil sie ein Kind geboren hat. Self-Care ist nicht die (einzige) Lösung.

Ich finde es eigentlich so unerträglich, aber ich weiß: Wenn ich Baby Leo anschreie – oder wenn ich Ryan den Teenager anschreie – ist es immer meine Schuld: erstens, weil ich die Jungs anschreie, und zweitens, weil ich das getan habe, nur weil ich nicht genug Zeit in Self-Care investiert habe.

»So viele Frauen investieren nicht genügend Zeit in ihre Self-Care-Rituale«, sagt meine deutsche Freundin Liese. Die ist auch bei der Babysitting-Börse, und sie ist irgendwie ein Hippie – aber ein ganz neoliberaler, missbilligender Hippie, sie denkt, dass alle produktiver, glücklicher, dankbarer sein sollen und dass sie das erreichen durch tägliche, wöchentliche und monatliche Self-Care-Rituale.

»Investierst du genug Zeit, Jacinta? Oder gehörst du zu der Art Frau, die ihre eigene Self-Care vernachlässigt?«

»Äh«, sage ich. Ich glaube, dass ich zu der Art Frau gehöre, die ihre eigene Self-Care vernachlässigt, denn ich bin unsicher, ob ich mir die Zähne geputzt habe heute, und ziemlich sicher, dass ich meine Haare noch nicht gebürstet habe. Ich will es aber nicht zugeben.

»Ich beginne jeden Tag mit einem Self-Care-Ritual«, erklärt Liese. »Ich stehe auf, mache mir einen Kaffee, gehe mit nackten Füßen auf den Balkon und begrüße den Tag! Ich kenne so viele Frauen, die das irgendwie gar nicht hinkriegen. Sie trinken Kaffee am Morgen, aber ohne den Tag zu begrüßen.«

»Was für Loser!«, sage ich.

»Und wenn ihre Kinder schlafen, gucken sie Netflix oder so. Weil sie sich entspannen wollen.«

Lieses Stimme klingt herablassend, ihre Augen sind hart. »Und dann gehen sie irgendwann mal kaputt und sie fragen sich warum.« Jetzt klingt ihre Stimme ganz zufrieden, als ob sie immer schon gewusst hätte, dass alles so enden würde.

»Kann nicht Netflix gucken manchmal zur Self-Care gehören?«, frage ich. »Ist nicht Entspannung und auch neue Geschichten kennenlernen, neue Figuren und so, ist das nicht ein bisschen Self-Care-mäßig?«

Ich weiß nicht, ob ich das nur deswegen sage, weil ich ein schlechtes Gewissen habe, weil ich die Serien bei Netflix so liebe – Russian Doll, Working Moms, Weihnachten Zuhause – oder ob ich als Autorin und Geschichtenerzählerin erkannt habe, dass Fernsehserien jetzt die Hauptkommunikationsmittel unserer Zeit geworden sind?

Liese blickt mich an, fast wütend.

»Jede Frau soll für sich entscheiden, Jacinta, was Self-Care für sie bedeutet.«

Sie seufzt und steht auf. Sie geht heute Abend ins Kino, mit einem Heilpraktiker.

»Aber eins sage ich dir, Jacinta. Self-Care sieht nicht immer schön aus. Es geht nicht um Kerzen und Badewannen voll mit Lavendelöl und so einen Schwachsinn. Self-Care ist harte Arbeit. Ich arbeite sehr hart daran. Ich vernachlässige mich selbst nie. Ehrlich gesagt ist mein ganzes Leben Self-Care.«

Sie nickt zufrieden und entschlossen. Ich nicke halbherzig und unsicher. Sie wird morgen früh wiederkommen, wir frühstücken zusammen, dann bringen wir die Kinder in ihre verschiedenen Kitas. Ich muss morgen meinen Kaffee unbedingt so trinken, als ob es voll Self-Care-mäßig ist, und nicht nur runterschlucken und dabei kaum merken, dass ich mir den Hals verbrenne.

Am nächsten Abend, nachdem ich für Liese gebabysittet habe, ist Ryan bei seinem Papa und Baby Leo schläft nicht ein. Wenn er eingeschlafen ist, muss ich eine Kolumne für die *Missy* abtippen – nur abtippen, geschrieben hab ich das schon auf dem Spielplatz. UND BABY LEO SCHLÄFT NICHT EIN! Ich weiß ganz genau, dass ich, wenn ich mich mit ihm hinlege, einschlafen werde. Und dann kann ich nicht tippen. Also hocke ich vor seinem Zimmer, auf dem Boden, bei der Tür, so dass ich ihn, wenn er aufsteht, direkt zurück ins Bett bringen kann. Ich lese alte Paula-Danziger-Romane auf dem Kindle. Ich mache mir einen Lavendeltee. Ich habe die Worte von Liese im Kopf: Jede Frau sollte für sich entscheiden, was Self-Care bedeutet. Ich sage mir: Dieser Lavendeltee bedeutet für mich Self-Care.

Baby Leo schläft einfach nicht ein. Manchmal redet er mit sich, was in Ordnung ist, aber oft kriecht er aus dem Bett und immer wieder heult oder schreit er. Ich steige auf Rotwein um. Ich trinke den Rotwein ein bisschen zu schnell. Jede Frau soll wissen, was Self-Care für sie bedeutet. Vielleicht ist das hier eins meiner wichtigsten Self-Care-Rituale, denke ich: das Rotwein-und-Paula-Danziger-Ritual. Ich stelle den Rotwein aufs Parkett. Baby Leo springt auf dem Bett rum.

Ich schreie. Ich schreie und schreie. Ich schreie Baby Leo so laut an, dass die Nachbarin kommt, um zu prüfen, ob sie das Jugendamt anrufen muss. Meine Nachbarin hat genau die gleichen Augen wie Margarete Stokowski – hart, vorsichtig, aber auch großzügig, verständnisvoll, liebevoll. Ich fange an zu heulen und versuche, sie zu umarmen, sie streichelt voll awkward und deutsch meinen Rücken.

»Ich will einfach, dass er schläft«, sage ich, »damit ich die Kolumne abtippen kann, es dauert nicht mal 20 Minuten, wenn er schläft, kann ich voll schnell abtippen, aber wenn er wach ist ... Ach, ich will irgendwie ein neues Leben, ich will doch in England leben, in einem kleinen Reihenhaus, so gemütlich, mit sanften, flauschigen Teppichen und so einem Gasfeuer im Kamin, und wir haben die Bilder der Kinder im Rahmen an der Wand, in goldenen und silbernen Rahmen, und mein Mann ist stolz auf mich, aber ein bisschen verwirrt von dem ganzen Feminismus manchmal, und ich wohne in der Nähe meiner Eltern, und ab und zu kommen sie zu Besuch und ich bin gut befreundet mit den Nachbarn.«

Ich schluchze.

»Weißt du«, erkläre ich der Nachbarin, »in England wären wir Freunde, du würdest mich ab und zu zu Grillpartys in deinem Garten einladen.«

Die Margarete-Stokowski-Augen, na ja, jetzt merke ich, 50% Margarete Stokowski, 50% Wombat, gucken mich an, und jetzt werden sie dünn und glasig wie Alice Weidels.

»Du kannst doch nicht dein ganzes Leben im Konjunktiv leben!«, sagt sie.

»Ich würde zum Beispiel eine Packung Bratwürste mitbringen«, antworte ich.

Rotz und Tränen überall auf meinem Gesicht. Die Nachbarin gibt mir ein Tempotaschentuch. Warum haben deutsche Frauen immer Taschentücher bei sich, frage ich mich gerade, dabei weinen sie kaum. Baby Leo springt raus aus dem Bett, lacht und tanzt in die Arme der Nachbarin.

»Om!«, ruft er.

»Dieses Kind ist nicht müde«, sagt sie sanft. »Dieses Kind braucht keinen Mittagsschlaf mehr, kann das sein? Sonst schläft er abends nicht ein.«

Er versucht, ihr das Gesicht abzulecken.

»Er tut so, als wäre er ein Hund«, erkläre ich.

»Du musst schlafen!«, sagt sie ihm. »Deine Mama muss manchmal putzen können.«

Jetzt ist mein Körper mit Panik erfüllt, dass sie finden könnte, mein Flur ist schmutzig.

Sie geht weg, ich glaube nicht, dass sie das Jugendamt anruft. Nachdem sie weg ist, nehme ich Baby Leo und wir klettern beide zusammen in mein großes Bett. Ich mache *The Lego Movie* an und trinke den Rotwein aus. Mittlerweile ist es fast 23 Uhr. Meine Deadline werde ich verpassen. Scheiße.

Ich denke an Liese: Jede Frau soll für sich entscheiden, was Self-Care für sie bedeutet.

Für mich bedeutet Self-Care, dass es noch eine weitere Sache gibt, mit der man Mamas deutlich machen kann, dass sie nicht gut genug sind. Für mich bedeutet Self-Care, dass man die Schuld am Überfordertsein bei den Opfern sucht. Für mich bedeutet Self-Care, dass ich, wenn ich Hilfe und Unterstützung brauche, stattdessen Vorwürfe und Kritik kriege, für mich bedeutet Self-Care, dass ich noch MEHR pflegen muss: die Kinder, den Boden, meine Haare, meine Nägel und nun noch dazu meine Seele. Für mich bedeutet Self-Care, dass niemand für mich verantwortlich ist, die Gesellschaft ist tot, ein Obdachloser frisst eine tote Ratte, ein behinderter Obdachloser frisst sein eigenes Bein, der Obdachlose, der gewonnen hat, das ist der, der Self Care betreibt und für sich selbst die Kältebushotlinenummer anruft. Jede Frau soll wissen, was Self-Care für sie bedeutet, ich stelle mir vor, eine Frau ertränkt ihr Kleinkind in der Badewanne und nennt es Self-Care.

Warum machen Kinder und Männer nie Self-Care?, denke ich. Aus irgendeinem Grund haben sie es nie nötig. Baby Leo schnarcht, schnarcht neben mir. Ich liebe das Geräusch. Mein Herz wird schwer und voll und langsam, als ich im Rhythmus seines Schnarchens atme. Überlege mir kurz, ob ich ganz schnell neben ihm masturbiere, entscheide mich dagegen, bin sowieso zu müde. Ich stelle den Wecker auf fünf, ich werde die Kolumne abtippen, bevor er aufwacht. Ich entscheide, dass ich jetzt schlafen muss.

Pajama-Party

Heute ist Nancys Pyjama-Party, Nancy aus der Babysitting-Börse. Die schickt mir eine WhatsApp-Nachricht, um mich daran zu erinnern.

»Auf Amerikanisch wird das Pajama-Party geschrieben!«, schreibe ich ihr über WhatsApp.

»Auf Deutsch Pyjama-Party!«, schreibt sie zurück.

»Echt?«, frage ich. Ich will sie nicht korrigieren, aber ich bin mir ziemlich sicher, dass es Pajama-Party geschrieben wird. Denglisch ist eigentlich immer Amerikanisch, ne. Na ja, am Samstag schlafen Baby Leo und ich also bei ihr, mit zwei anderen Mamas aus der Babysitting-Gruppe –, und als ich fertig bin mit WhatsAppen, google ich »Pajama Party deutsch« und kriege den größten Mandela-Effekt meines Lebens! Es wird britisch geschrieben auf Denglisch. Ich spinne. Ich spinne gerade. Vielleicht habe ich doch zu viel MDMA genommen in meiner Unizeit.

Mein Freund und ich sind immer noch in einer Beziehungspause. Er ist zu stur, und ich bin so stolz. Außerdem glaube ich, dass wir glücklicher sind, wenn wir nicht miteinander reden müssen.

Jetzt machen wir zusammen eine Trennungs-WG, wenn er am Wochenende kommt. Er schläft im Wohnzimmer, oder wenn Ryan der Teenager nicht da ist, schlafe ich in seinem Zimmer und mein Freund – vielleicht ist er nicht mehr mein Freund? – schläft im großen Schlafzimmer. Er kocht für sich, ich koche für mich und Ryan. Baby Leo isst zweimal, wie eine selbstzufriedene freche obdachlose Katze.

Wenn Ryan beim Papa ist, gehe ich so lange weg und trinke so viel, dass ich am nächsten Tag total tot daliege und mich gar nicht um Leo kümmern muss oder kann.

Ich putze bestimmt nicht mehr als früher – eher weniger –, aber Thomas scheint viel zufriedener mit der Situation zu sein. Er pfeift, während er kocht. Ich bin auch glücklicher, denke ich. Durch das Nicht-Ficken-Müssen und Kaum-Kochen-Müssen fühle ich mich, als hätte man mir zehn Stunden am Tag geschenkt.

Wenn ich Thomas heimlich beobachte, wie er beim Kochen pfeift und lacht, weiß ich nicht, was ich denken soll. Ich dachte immer, als er so gemein zu mir war, dass er das tat, obwohl er mich liebte, und weil er dachte, ich würde nie Schluss machen, wegen des Geldes, das ich nicht habe, oder vielleicht weil Männer sich irgendwie NIE vorstellen können, dass Frauen weggehen könnten. Aber jetzt ist alles weg, obwohl wir zusammen leben – meine Liebe, seine Liebe, unsere Liebe. Meine Muschi ist auch nicht mehr zu sehen, sondern geschützt von einem Dornröschenwald von Schamhaar. Mein Herz ist zu. Und er ist erleichtert.

Wir reden kaum miteinander.

»Die Spülmaschine ist kaputt«, sage ich eines Morgens.

»Kaputt?«, fragt er.

»Guck mal dieses Glas an«, sage ich. »Das ist nachher schmutziger als vorher.«

»Okay«, sagt er. »Ich kümmere mich darum.«

Samstagabend. Ryan beim Papa. Mein Freund geht zum Friedrichstadtpalast, ich habe vergessen mit wem und warum, und ich gehe mit Baby Leo zu Nancys Pyjama-Party.

Ich komme an und bin überrascht, dass sie nur zweieinhalb sehr kleine Zimmer hat, und wir sollen zu viert in ihrem großen Doppelbett schlafen. Die Kinder werden auf Matratzen und Yogamatten zu sechst im Kinderzimmer schlafen. Irgendwie kam Nancy mir posher vor, bevor ich ihre Wohnung gesehen hatte.

Bei Nancys Pyjama-Party ist auch Leonie, die Super-Feministin. Sie grinst mich an. »Ich wusste nicht, dass du Nancy kennst«, ruft sie.

Suzu heißt die andere, kommt aus Brasilien, ist aber sehr dunkel, mir war nicht klar, dass jemand aus Brasilien so dunkel sein kann. Ihr Exmann ist reich, zahlt aber nicht genug Unterhalt, aber schon ein bisschen, und will die Kinder nur einmal pro Jahr sehen.

»Lottogewinn!«, sagt sie und lacht laut. Ich habe vergessen, wie viel die Menschen lachen können, wenn sie noch nicht zu lange in Deutschland gelebt haben.

Leonie runzelt die Stirn.

»Ich finde das aber eine sehr negative Einstellung«, sagt sie. »Ich mag es überhaupt gar nicht, wenn Alleinerziehende negative Einstellungen oder Opfermentalität haben.«

Ich entscheide mich, dass ich sie wahrscheinlich doch nicht mag.

Die zwei fangen an, sich über Unterhalt zu streiten, ich halte mich da raus. Irgendwie haben alle recht bei dem Thema, deswegen langweilt es mich so sehr. Und wenn die Kindergrundsicherung endlich kommt, wird das sowieso egal sein. Ich stehe auf und stelle mich in die Tür zum Kinderzimmer, trinke Sekt, beobachte heimlich, wie Baby Leo glaubt, er spielt mit, aber eigentlich stört er die Großen nur beim Spiel. Sie machen ein echt kompliziertes Spiel, mit Umdrehen und Weglaufen und so, und er tanzt einfach dazwischen wie ein kleiner Sonnengott.

»Er kann das nicht so gut wie wir«, erklärt der älteste Junge, Suzus Sohn. »Er ist halb Baby und halb Kind.«

»Er kann nicht sprechen wie ich«, sagt Kieran.

»Om!«, sagt Baby Leo.

»Er kann sprechen, aber nicht in Wörtern«, sagt Kieran.

»Om!«, sagt Baby Leo noch mal.

»Er ist voll süß«, sagt Suzus Tochter. »Jetzt spielt ihr und ich tanze mit ihm und er wird denken, er spielt wirklich mit.«

»Wir wechseln uns ab«, sagt der Junge.

Ich gucke zu, Baby Leo denkt wirklich, er spielt mit. Dieses süße Kind, soll ich meinen Freund anbetteln, dass wir zusammen bleiben? Zweimal Alleinerziehende sein, die Leute werden schlecht über mich reden. Aber irgendwie bin ich zu stolz, zu stur, jetzt, wo er einfach abgehauen ist, sind all die schlimmen Monate, die schlimmen Momente, im Nachhinein unerträglich schlimm.

So komisch, dass er sich nicht entschuldigt hat. Hat er keine Hollywood-Filme gesehen? Dass er nicht möchte, dass wir uns wiederfinden, ist schade. Es ist soo schön für Baby Leo, mit einer Mama und einem Papa zusammenzuleben. Ich liebe es, wie Baby Leo sich nicht schämt für seine wackeligen Beine und seinen dicken Kleinkindbauch. Er läuft wie ein kleiner Buddha. Ich wollte einmal ein Kind erziehen und dabei nicht Alleinerziehende sein. Ich wollte einmal ein selbstbewusstes Kind haben. Und ich weiß eigentlich, dass ich gerade die totale sexistische Kackscheiße denke.

Nancy kommt raus aus ihrem Zimmer und gießt mir Sekt nach.

»Die Kinder spielen so gut zusammen«, sagt sie. »Man sollte sie spielen lassen. Sie spielen viel konzentrierter, wenn sie glauben, dass keine Erwachsenen zugucken. Komm zurück ins Zimmer.« Sie schließt die Tür hinter sich und ich denke, ach, die Kinder werden's okay finden.

Ich denke, es wird voll der Mädelsabend werden, als Nancy die Gesichts-Avocado-Peeling-Maske rausholt, aber danach holt sie das Koks raus, und sie und Suzu koksen, aber ich mache nicht mit. Ich glaube, es ist das erste Mal in meinem Leben, dass ich Koks ablehne. Aber ich weiß nicht, ob ich es ertragen kann, runterzukommen und immer noch Mamapflichten zu haben.

Leonie und Suzu fangen an, sich darüber zu streiten, ob die FKK-Bademeister in Deutschland manchmal den Job genau deswegen aussuchen, weil sie pädophil sind und nackte Kinder anschauen wollen. Ich bin auf Leonies Seite, aber sie nervt mich gerade. Manchmal mag ich sie gar nicht. Es klopft an der Tür und Nancy versteckt sehr gekonnt und effizient den Koksteller. Die Kinder kommen rein. Leo ganz am Ende, er erinnert mich an Mogli.

»Wir wollen netflixen«, sagt das älteste Kind, als ob es eine Proklamation wäre.

»Oh, was für eine wunderschöne Idee!«, ruft Nancy. Gott, denke ich, ich wünschte, sie wäre meine Mama.

»Ich habe alle meine DVDs weggegeben«, sagt Suzu.

»Warum?«, frage ich.

»Weil ich jetzt Netflix UND Amazon Prime habe«, erklärt sie. »Und bald werde ich auch noch Disney Plus haben. Außerdem habe ich ein VPN.«

»Das ist eine doofe Entscheidung«, sagt Leonie.

»Warum?«, fragt Suzu, ihre Augen groß.

»Was, wenn eine Zombie-Apokalypse stattfindet?«, sagt Leonie. »Wenn eine Zombie-Apokalypse stattfindet, wird es keine Streaming Services mehr geben, und du müsstest die Kinder trotzdem tagsüber beschäftigen.«

Ich entscheide mich, dass ich Leonie doch sehr mag, diese dünne, ernsthafte Frau, die alleine erzieht und keine Opfermentalität hat und nicht gekokst hat, aber trotzdem plant, wie sie ihre Kinder während einer Zombie-Apokalypse beschäftigen wird.

»Es ist unwahrscheinlich, dass eine Zombie-Apokalypse kommt«, sagt Suzu.

»Ich habe mal eine wissenschaftliche Studie dazu gelesen«, sage ich. »Wenn eine Zombie-Apokalypse käme, wäre es viel schneller vorbei als bei *Walking Dead*, denn die Zombies würden sich auch gegenseitig zerfressen, ne.«

Leonie nickt. »Und dann können die Überlebenden von vorne anfangen und die Erde wieder beleben«, sagt sie.

Nancy kommt wieder ins Zimmer und zwingt uns alle ins Wohnzimmer. Alle Zimmer in ihrer Wohnung sind klein, aber das Wohnzimmer ist so groß wie ein Schrank. Die Kinder gucken nicht Netflix, sie gucken Musikvideos bei YouTube und singen mit. Baby Leo springt auf und ab auf einem Sofakissen.

»Dein Kind versteht nicht den Unterschied zwischen Tanzen und Springen!«, sagt das älteste Kind zu mir. Ich nicke. Stimmt schon.

Am nächsten Tag latsche ich total verkatert nach Hause und gratuliere mir dazu, dass ich nicht gekokst habe. Als ich zu Hause bin, hat mein Freund – ist er noch mein Freund? – voll viel aufgeräumt und geputzt und so. Er lächelt. Ist er glücklich, mich zu sehen? Ich fühle mich so verkatert, als ob ich kotzen müsste.

»Ich muss Wasser trinken«, sage ich.

Er gibt mir ein Glas Wasser.

»Wow«, sage ich. »Sieht voll sauber aus. Hast du von Hand geputzt?« Er lacht.

»Sag niemandem mein Geheimnis«, flüstert er.

»Was?«, sage ich.

Er flüstert laut: »ICH HABE DIE SPÜLMASCHINE GEPUTZT!«

Ich lache, bin aber doch supertraurig, eigentlich. Er wollte immer nur, dass er nicht putzt und dass ich putze. Aber ich habe nicht gut genug geputzt. Ich merke solche Sachen nicht. Eine Spülmaschine putzen. Was soll man noch putzen? Die Waschmaschine? Ich frage ihn lieber nicht.

Ich bin kaputtgegangen an seinen Erwartungen, und auch an der Arbeit, die ich alleine stemmen musste, wenn er arbeiten war. Es kam mir so vor, als ob er nur zurückkam, um mich fertigzumachen. Ich glaube, jede Frau wäre kaputtgegangen. Aber ich glaube auch, jeder Mann wäre unzufrieden mit mir, mit den ungefalteten Handtüchern und den komischen Gerüchen, die aus der Spüle kommen und die ich nicht riechen kann.

Es klappt jetzt mit diesem WG-Modell, wir streiten uns nicht mehr, heißt das. Wenn er mehr geholfen hätte, hätte er mich nicht so sehr hassen müssen, denke ich. Ich gucke ihn an.

So lange haben wir nicht mehr zusammen gesessen. Liebe ich ihn noch? Ich weiß es nicht. Habe ich ihn je geliebt? Ich bin unsicher. Ich denke an die Babysitting-Börse. Warum bin ich bei der Gruppe Mitglied geworden, obwohl ich offiziell keine Alleinerziehende bin? Ich denke, ich weiß warum. Ich denke an gestern Nacht, die Mamas in einem Zimmer, die Kinder in dem anderen, die Männer weg. Diese tollen Frauen, die auch verrückt sind. Die frei sind von den Männern, aber dann trotzdem gefangen in Armut. Will ich frei von ihm sein? Will ich wirklich frei sein?

Es geht eigentlich nicht um ihn, denke ich. Es geht um mich. Vielleicht bin ich einfach zu schlampig, um eine Beziehung mit einem Mann zu haben? Schlampig, locker, relaxed. Mein Fleisch ist locker, meine Haut ist weich. Ich lege die Brote nicht in einen Brotkorb. Ich putze NICHT die Spülmaschine. Ich denke nicht daran, dass man eine Spülmaschine putzen muss. Ich wusste gar nicht, dass man eine Spülmaschine putzen *kann*.

Ich muss lernen, ordentlicher zu sein. Ich muss lernen, wie man Socken faltet und Handtücher und wie man jeden Tag das Badezimmer putzt. Ich muss den Unterschied zwischen dem Wischmopp fürs Bad und dem Wischmopp für die Küche lernen. Ich muss mich verbessern. Ich gucke meinen Freund an – ist er noch mein Freund? – und ich denke, dass ich wahrscheinlich besser alleine putzen kann als mit ihm zusammen. Besser als mit irgendeinem Mann.

Wir sitzen schweigend am Tisch, das Baby kommt zu uns.

»Om«, sagt er.

»Om«, sage ich zurück.

Mein Freund guckt mich fragend an.

»Weißt du, was das bedeutet, wenn er das sagt?«, fragt er.

»Keine Ahnung«, sage ich. »Aber es macht voll Spaß, das zu sagen. Om!«

Om.

»Om!«, sagt mein Freund. Ich glaube, er wird mich jede Sekunde fragen, ob wir nicht doch wieder ein Paar werden können. Ich warte drauf. Ich bin sicher, dass er fragt.

Wie ich dieses Buch zu Ende geschrieben habe

Ich fing an, dieses Buch zu schreiben, nachdem mein jüngstes Kind, Baby Leo, mit zwei Jahren in der Kita eingewöhnt war. Ich fing an, Texte zu sammeln und neue zu schreiben, in denen es um Hausarbeit und Hausfrausein ging. Irgendwie interessierte mich dieses Thema, jetzt, wo ich mich nicht mehr so sehr wie eine Hausfrau fühlte.

Hausarbeit war ein Thema für mich aus feministischer Perspektive – aber die Wahrheit war, ich wollte auch eine gute Hausfrau *sein*. Denn ich wollte glücklich sein. Ich wollte eine Familie haben, ich wollte eine glückliche Familie haben. Und um eine glückliche Familie zu haben, brauchte ich einen glücklichen Mann. Und deswegen versuchte ich, Beruf, Kinder und Haushalt zu vereinbaren.

Aber ich war nicht glücklich. Ich war wütend. Ich war wütend darüber, dass alles an mir hängenblieb und dass ich irgendwie an allem schuld war, was nicht perfekt lief in der Wohnung, im Haushalt, mit den Kindern.

Ich fühlte mich oft schmutzig und chaotisch. Fühlte mich, als ob ich schuld wäre, dass das Leben meines Freundes so chaotisch war. Fühlte mich, als ob ich schuld wäre, dass sein perfektes Sofa jetzt nicht mehr grün war, sondern eine interessante Mischung aus grün und braun. Das Baby dekorierte die Wohnung mit seinen schmutzigen Händen und ich rannte ihm hinterher, wischte so viel weg wie möglich – und fühlte mich schmutzig, schuldig und wütend.

Damals, als Baby Leo in der Kita anfing, sprudelten diese Hausarbeitstexte nur so aus mir raus. Wenn ich putzen sollte und stattdessen geschrieben habe, haben die Berge von Wäsche und schmutzigen Tellern mich nicht mehr gestört – sondern inspiriert. Und wenn ich wiederum geputzt habe, statt zu schreiben, spürte ich auch kein schlechtes Gewissen mehr. Alles hat mich inspiriert! Der Schmutz hat mich inspiriert. Mein früheres schlechtes Gewissen hat mich inspiriert. Meine Wut hat mich inspiriert! Das Putzen hat mich inspiriert!

Ich dachte viel an Sylvia Plath – ist es ein Zufall, dass sie sich als Hausfrau ermordet hat, dass sie dieses Symbol des Hausfrauseins, den Gasofen, benutzt hat, um ihr Leben zu beenden? Auf Englisch sagen wir über Hausfrauen, sie seien *chained to the kitchen sink* (klingt irgendwie kinky), aber auf Deutsch muss ich an den Herd denken, an die Herdprämie, an einen altmodischen Ofen, so wie bei Aschenputtel, wenn es darum geht, dass Hausfrauen keine Freiheit haben. Aber Sylvia Plath war nicht nur eine Hausfrau, die sich umgebracht hat. Sie war auch eine Poetin, die von Hausarbeit inspiriert war. Sie war wie ich, eine schreibende Hausfrau, und ich dachte an sie.

Und dann plötzlich merkte ich, es war das Ende eines milden Winters, der Anfang eines kalten Frühlings: Mein Buch war fast fertig! Ein kleines bisschen brauchte ich noch, einen kleinen Sprung, einen letzten Endspurt. Ein letztes Schreibwochenende, mit Hilfe von Red Bull, schade, dass der Teenager kein Ritalin mehr da hatte, ein letztes Mal Texte raushauen, nicht viel schlafen, dafür viel viel schreiben. Ich schrieb, während Baby Leo schlief, ich schrieb, während Baby Leo fernguckte. Alles war gut, alles super, ich war fast fertig – im positiven Sinne. Nach diesem Wochenende war ich wirklich so gut wie fertig.

UND DANN SIND WIR KRANK GEWORDEN! In derselben Woche, als Corona nach Berlin kam. Wahrscheinlich nur ein Zufall, wir hatten nie Fieber, aber wir hatten echt alle eine komische Krankheit. Husten, Kopfweh, Halsschmerzen … Wir waren alle k.o. Baby Leo war die ganze Nacht wach, alle halbe Stunde, und heulte vor Schmerzen.

Baby Leo war endlich gesund genug, um wieder zur Kita zu gehen, als die Kitas in Berlin schlossen. Ich fühlte mich ständig müde, war unsicher, war es nur das übliche Mamasein, Depression, oder eine Krankheit? Ich hatte eine neue Art schlechtes Gewissen, denn vielleicht war es die Angst, aber ich genoss es, die Zeit zu Hause mit den Jungs. Mein Freund war im Norden, ich musste den Teenager, Ryan, nicht wecken für die Schule. Ich wollte schreiben, für das Buch und auch andere Dinge, aber ich fand so selten die Zeit und noch seltener die Energie. Ich fand es fast unmöglich zu schreiben mit dem Baby neben mir. Und trotzdem machte es mir Spaß, mit ihm rumzuhängen, und das wiederum machte mir ein schlechtes Gewissen. Er fing in dieser Zeit an, richtige Sätze zu sagen, manchmal auf Deutsch, normalerweise auf Englisch, manchmal sogar mit »ich«. »Mummy, ich will … essen!«, sagte er. Ich lachte und gab ihm einen Lutscher.

An einem Tag, als ich kaum noch atmen konnte, entschied mein Freund, nach Hause zu kommen. Er blieb fast zwei Monate bei uns, und wir haben nur einmal so richtig gestritten. Ich finde, es hätte viel schlimmer sein können.

Deutsche Freundinnen schrieben alle auf Facebook, dass sie sich wie Hausfrauen in den 50ern gefühlt haben. Ich fühlte mich nicht so, ich weiß nicht warum. Wahrscheinlich war die Wohnung zu schmutzig? Zu chaotisch? Die Bilder aus den 50ern sind immer so sauber und hübsch. Ich habe mich aber schon wie eine Hausfrau aus den 50ern verhalten, habe sogar gebacken, dreimal – einmal Cheese Scones, die nicht cheesy genug waren, einmal Muffins, die fast unessbar geworden sind, man sollte nicht Feinzucker durch Traubenzucker ersetzen, glaube ich, und einmal Brot, das fast lecker war. Mein Plan war, immer um fünf aufzustehen, um schreiben zu können, bevor

Baby Leo wach würde. Ich glaube, ich habe das auch dreimal gemacht, insgesamt.

Ich mied Spielplätze, sogar nachdem sie wieder geöffnet wurden, ich habe sie nie besonders gemocht und jetzt dachte ich, dass es zu schwer würde, Baby Leo von anderen Kindern fernzuhalten. Ich telefonierte dafür jeden Tag mit meinen Eltern und hatte Heimweh und ein schlechtes Gewissen. Ost-London, wo sie leben, ist fast Hotspot gewesen, meine Eltern gehören beide zur Risikogruppe und wollten ständig in Cafés gehen.

»Ich habe nur noch eine Pflegerin«, sagte meine Mama. »Nur Shulina kommt. Die anderen sind alle freigestellt.«

»Zumindest sind sie nicht tot«, sagte ich, ein gemeiner Kommentar. Sie sind alle Inderinnen oder Pakistanis oder Bangladeshis, die Frauen, die meine Mama pflegen, und diese Bevölkerungsgruppe, zu der ich halb gehöre, stirbt im Moment wie die Fliegen. Der National Health Service hat entschieden, da sie so überproportional betroffen sind, dass sie alle im Backoffice arbeiten sollen.

»Zucker«, sagte meine Mama. »Sie sind alle zuckerkrank. Nur ich, deine Tante und Shulina sind noch da.«

»Ja«, sagte ich. »Ist gut, dass sie frei haben, oder, Mama? Wenn sie tot sind, hast du auch nichts davon.«

»Shulina ist sehr anstrengend gerade«, sagte meine Mama. »Betet immer. Zu ihrem Gott. Ist ein bisschen nervig.«

Die einsame Pflegerin, dachte ich, die einzige, die nicht freigestellt worden ist, die Einsamkeit meiner Mutter, diese Krankheit, die die Menschen trennt oder tötet. Irgendwie kam mir das unerträglich vor.

»Lass sie doch!«, sagte ich.

»Wir gehen morgen in Sainsbury's Café«, sagte meine Mama. »Wenn es aufhat.«

»Hör auf, in Cafés zu gehen!«, brüllte ich. »Dr. Drosten sagt …«

»Du und dein deutscher Arzt!«, sagte sie.

Ich habe aufgehört zu putzen in diesem halbherzigen deutschen Lockdown – aber ein Wunder ist geschehen! Mein Teenager hat entdeckt, dass Sauberkeit toll ist, und dass man putzen kann. Er saugte Staub in seinem Schlafzimmer – einmal pro Woche –, und ganz oft wischte er die Küche. Es war wunderbar.

Ich sollte schreiben, das unfertige Buch, das fast fertig war, saß auf meiner Schulter wie eine hässliche Kröte. Aber alles, was ich schrieb, war scheiße. Ich dachte an Sylvia Plath, oft und hart. An ihre totgeborenen Gedichte. Meine Texte trieb ich ab.

Dann ist Ryan, kurz nachdem er wieder zur Schule gehen sollte, WIEDER krank geworden. Ich hatte auch Durchfall und musste kotzen – aber er war echt krank. Atemnot und alles. Angeblich wieder kein Corona, weil kein Fieber.

Dann war Ryan wieder gesund, aber mein Laptop kaputt.

Dann war mein Laptop wieder heil und das Ladekabel kaputt.

Dann kaufte ich ein neues Ladekabel – und ich wurde krank.

Dann war ich gesund, Ryan gesund, Laptop und Ladekabel okay – und Baby Leo schüttete eine Tasse Wasser über den Rechner.

»Mein Leben ist eine schlechte Sitcom«, schrieb ich in mein Tagebuch. Ich brachte den Laptop zurück zur Reparatur und der Laptop-Typ sagte mir, er hätte noch nie einen Laptop mit so viel Wasserschaden gesehen. »Hat dein Baby ihn in die Badewanne geschmissen?«, fragte er. Ich schämte mich, aber war auch ein kleines bisschen stolz. Wenn dein Leben kacke ist, dann sollte es wenigstens ordentlich kacke sein, oder? Ich fühlte mich so, wie ich mich damals gefühlt hatte, nachdem meine Mandeln entfernt wurden, als der deutsche Arzt mir gesagt hatte, sie wären so groß und geschwollen wie Äpfel gewesen. Einen perversen Stolz spürte ich.

Die letzten Texte dieses Buches schrieb ich am Schularbeitsrechner meines Teenagers, während er neben mir X-Box spielte. Ich trug Kopfhörer, damit ich nicht immer sagen musste, »Sprich nicht so mit deinen Kumpels«, wenn er sexistische Beleidigungen raushaute. Alle zehn Minuten kam das Baby rein und erzählte uns, was gerade im deutschen Fernsehen passierte.

»Blue. Shabbit. Is. Fell. Down!«, sagte er, traurig und ernsthaft. Ich nickte, »Wow«, sagte ich, »guck mal nach, was jetzt passiert ist!«, steckte meine Kopfhörer wieder rein, haute einen Satz raus. Das ist alles machbar, sagte ich mir.

Ryan brachte mir ein Red Bull.

»Ab wie viel Red Bull pro Tag kriegt man einen Herzinfarkt?«, fragte ich.

»Ab fünf«, sagte er, expertenmäßig, mit der ganzen Weisheit eines deutschen Arztes.

»Ab fünf?«, rief ich. »Bist du sicher, dass es nicht ab drei ist?«

»Ist gesünder als Ritalin«, sagte er. »Schreib dein feministisches Buch schneller fertig, ich will Minecraft mit Emre spielen.«

»Hast du keine Schularbeit heute?«, fragte ich.

»Ich habe entschieden, mir den heutigen Tag freizunehmen«, sagte er.

»Okay«, sagte ich.

Baby Leo kam rein.

»Kacke. Is. Coming.«, sagte er.

Ich hob ihn hoch, brachte ihn zum Klo, da fing er an, mir alles aufzulisten, was entweder »naughty« oder »nice« sei.

»Dine-Saw is naughty«, erklärte er. »Three bears. Is. Naughty. Big Wolf. Is. Naughty. Gole-Locks. Is. Nice. Pigs. Is Nice. Wolf. Is. Naughty.«

»Richtig«, sagte ich. »Kommt deine Kacke schon?«

»Und. Wolf. Is auch. Scary!«

»Ja«, sagte ich. Ich rief Ryan zu: »Speichere den Text und

mach doch jetzt Minecraft! Ich gehe mit ihm kurz raus, ich kriege den Text später fertig.«

Ich fühlte mich nicht wie eine Hausfrau aus den 50ern, ich weiß nicht warum. Ich fühlte mich eher wie die Frau in einem Zombie-Apokalypse-Film, die so tut, als ob sie eine Frau aus den 50ern ist. Vielleicht lag es an meiner Mama, gefangen in Ost-London, oder an meinen indischen Wurzeln, die diese (vielleicht genetische?) Neigung zu Corona hatten. Oder vielleicht lag es an der Wohnung. Ich merkte eine braune Spur auf der weißen Wand neben dem Badezimmer. »Ist das Kacke?«, fragte ich Baby Leo. »Kacke is eeeeeeee«, sagte er und ich nickte. »Es ist wahrscheinlich nur Schoko«, sagte ich. Ich glaube, meine Wohnung war wirklich zu schmutzig und mein Leben zu chaotisch, um echte 50er-Vibes zu haben. »Pigs. Is. Muddy«, sagte er. »Ja!«, sagte ich. Jeden Tag ein neues Wort. »Dine-Saw. Ist. Nicht. Muddy«, sagte er.

»They must've got muddy sometimes«, sagte ich nachdenklich.

Und so habe ich das Buch fertig geschrieben, trotz Corona, trotz Schreibblockade, trotz allem. Und mit Hilfe von Red Bull.